Jakobs

Psychotherapie für zu Hause

Dr. med. Birgit Jakobs – geboren und aufgewachsen in Köln – ist Ärztliche Psychotherapeutin mit mehr als 25 Jahren Berufserfahrung als Ärztin, davon etwa 18 Jahre im Bereich Psychiatrie & Psychotherapie. Sie führt seit 13 Jahren eine eigene Psychotherapiepraxis in Weyerbusch/Kreis Altenkirchen, RLP. Ausgebildet in tiefenpsychologisch fundierter Psychotherapie lässt sie hilfreiche Elemente aus anderen Therapierichtungen in ihre Arbeit mit Patientinnen und Patienten einfließen, wenn dies sinnvoll erscheint. Mehr erfahren Sie unter: https://www.dr-jakobs-weyerbusch.de

Dr. med. Birgit Jakobs

Psychotherapie für zu Hause

Selbsthilfe bei Lebenskrisen, depressiven Verstimmungen und emotionalen Konflikten

TRIAS

Liebe Leserin, lieber Leser

So viele Menschen leiden – das ist überwältigend! Wir fühlen uns allein und allein gelassen, zunehmend überfordert in einer bedrohlich erscheinenden, unübersichtlichen Welt, in der die großen haltgebenden Faktoren bröckeln. Familiäre Strukturen zerbrechen, die Kirchen taugen nicht mehr für alle als moralische Instanz, es scheint keine Sicherheiten mehr zu geben. Wir wissen nicht mehr, an wem wir uns orientieren können, sind verunsichert. Die Ereignisse der letzten Jahre zeigen uns, wie verwundbar wir sind, wie fragil die Gesamtsituation ist – Coronakrise, Klimakrise, das Jahrhunderthochwasser, das großes Leid gebracht hat, dann der Ukraine-Krieg, der noch eine ganz andere Dimension in unser aller Erleben hineinträgt und Angst macht und Verunsicherung hervorruft.

Wir kämpfen im und mit dem Alltag. Viele haben finanzielle Sorgen, existenzielle Probleme. Anderen geht es zwar gut, aber sie leiden trotzdem, teils noch mehr, wenn auch auf andere Art und Weise.

Die Hausarztpraxen sind voll, die Psychotherapiepraxen völlig überlaufen. Unzählige Menschen warten auf einen Therapieplatz. Wir Therapeut*innen bekommen jeden Tag viele Anfragen, die wir nicht bewältigen können. Wir müssen vertrösten und die Menschen, die Hilfe brauchen, erst einmal allein lassen.

Der Ruf nach mehr Therapieplätzen ist laut zu hören, scheint aber zu verhallen. Unter uns Helfenden macht sich eine gewisse Ohnmacht breit – die meisten kapitulieren, wir tun ja schließlich alle unser Bestes und so viel wir können, sind selbst überwältigt. Damit trösten wir uns und sagen, dass wir schließlich nicht die ganze Welt retten können. Dies alles treibt mich seit Jahren enorm um und lässt mir keine Ruhe.

Andere Wege und Lösungsansätze

Die Geburtsstunde dieses Buches war genau dieser Gedanke: Es gibt auch andere Wege! Doch was genau kann das sein? Wie kann es aussehen?

Während meiner Facharztausbildung begegnete mir auf der Psychotherapiestation ein Patient aus dem Libanon, der sich sehr skeptisch zu dem von uns angebotenen Programm äußerte. Er sagte mir, dass in seiner Heimat durch enge soziale Beziehungen, sowohl innerhalb der Familie als auch zu Freunden, die meisten Probleme aufgefangen würden. Unsere westliche Gesellschaft leide zu sehr daran, dass wir die falschen Schwerpunkte setzten und zu wenig Wert auf echtes Miteinander und das Pflegen von Beziehungen legten. Würde uns das gelingen, könnten wir uns einen Großteil dessen sparen, was wir im professionellen Kontext anbieten müssen.

Damals konnte ich seinen Worten noch nicht so recht glauben, mit den Jahren und zunehmender Erfahrung aus meiner Psychotherapiepraxis verstehe ich ihn mittlerweile viel besser.

Natürlich ist es so, dass Menschen, die z. B. an Depressionen, Angsterkrankungen, posttraumatischer Belastungsstörung oder anderen Leiden erkrankt sind, professionelle Hilfe benötigen, und es ist ein Segen, dass all diesen Menschen professionell geholfen werden kann. Mir geht es darum, Ihnen mit diesem Buch dabei zu helfen herauszufinden, ob Sie wirklich zu dieser Gruppe gehören oder Ihnen auch damit geholfen werden kann, eben diese genannten Beziehungen zu verbessern, zu stabilisieren, sich auf andere Art und Weise mit Menschen zu verbinden.

Psychotherapie heißt wörtlich »Heilung der Seele« – allein schon daran können wir erkennen, dass wir immer noch *etwas anderes* brauchen als nur eine professionelle Begleitperson, einen Psychotherapeuten bzw. eine Psychotherapeutin. Diese kommt unter bestimmten Umständen ins Spiel und scheint manchmal alternativlos, ist aber nicht selten auch durch einen anderen Menschen aus dem ›richtigen Leben‹ ersetzbar. Denn auch andere Menschen mit Weisheit, Lebenserfahrung, Großherzigkeit und Weitblick können uns dabei behilflich sein, auf den eigenen Weg zurückzufinden oder einen neuen Weg einzuschlagen. Sie können uns mitfühlend und wohlwollend begleiten.

Diese so einfache wie wirksame Einsicht leitet zum Hauptanliegen dieses Buches: Es soll möglichst vielen Hilfesuchenden Halt und Orientierung bieten. Wenn Sie in Ihrer gegenwärtigen Lebenslage nicht wissen, ob Sie professionelle Hilfe benötigen oder nicht, dann sind Sie hier richtig!

Psychotherapie braucht manchmal – aber nicht immer – einen Profi!

Falls Sie sich zu einer Psychotherapie entschlossen haben und gerade auf einen Therapieplatz warten, können Sie mit diesem Buch die Wartezeit überbrücken und schon erste Fragen für sich klären. Sie finden in diesem Buch viele Anleitungen zur Hilfe und Selbsthilfe, die Ihnen sowohl kurz- als auch langfristig Unterstützung geben können.

Und wenn Sie generell mehr über sich selbst erfahren und Ihre eigenen Handlungsoptionen tiefer ausloten möchten, um beispielsweise gut durch eine emotionale Krise zu kommen oder innere Konflikte zu überwinden, um zu einem besseren Lebensgefühl zu kommen oder mehr Leichtigkeit zu erleben, können Sie den Anleitungen ganz praktisch folgen und sowohl die Übungen anwenden als auch die vielfältigen Ideen und Anregungen aufnehmen, um in kleinen Schritten weiterzukommen.

Auch wenn es erst einmal etwas ungewöhnlich klingt: In unserer westlichen Kultur haben wir das *Heilen der Seele* schon sehr lange und ganz automatisch in den Bereich professioneller Zuständigkeiten ausgelagert. Gut, dass es uns Psychotherapeut*innen gibt und auch, dass wir gerade in Deutschland vergleichsweise großzügige Angebote machen können. Dennoch könnten Sie, liebe Leserin, lieber Leser, zu Ihrer eigenen Überraschung zu denjenigen gehören, die vor allem zunächst einmal davon profitieren würden, auf einen friedlichen, freundlichen, offenen, vorurteilsfreien Menschen zu zählen, der ihnen geduldig und liebevoll zuhört. Dies ist im Grunde genommen sehr häufig der beste Anfang, um Klarheit zu gewinnen und weiterzukommen.

Es gibt vieles, das wir selbst tun können, und zwar auf allen möglichen Ebenen. Durch das Internet war es noch nie so einfach wie heute, eine ungeheure Fülle an Information zu erhalten. Für die meisten von uns ist es jedoch kaum möglich, aus dieser Flut das herauszufiltern, was wirklich gut und wichtig für uns ist. Wir wissen über vieles Bescheid, sind dann aber überfordert und überwältigt – so lassen wir es oft lieber ganz sein, vor allem dann, wenn es an der Umsetzung und Handhabbarkeit hapert.

Es gibt eine große Zahl von Menschen, die aufgrund ihrer psychischen Symptome und psychiatrischen Diagnosen einen Profi brauchen, aber eben auch diejenigen, für die eine professionelle psychotherapeutische Behandlung nicht zwingend erforderlich ist. Die gute Nachricht ist: Jede und jeder kann herausfinden, zu welcher dieser beiden Gruppen sie/er gehört.

Ein zentraler Punkt ist zudem folgender: Vieles erscheint uns schlichtweg zu banal, als dass es wirklich helfen könnte. Zum Beispiel ist es eine Tatsache, dass die Atmung der gemeinsame Nenner aller funktionierenden Entspannungsverfahren ist und dass bewusstes, tiefes Atmen dazu führen kann, dass wir im Ganzen ruhiger, gelassener und stärker werden; dennoch achten wir in der Regel nicht wirklich darauf, dass wir bewusst und tief atmen.

Darüber hinaus ist es die Kombination aus Integration der bekannten gesundheitsfördernden Faktoren in unser Leben und all den im Buch aufgeführten Schlüsseln zum Heilungsprozess, die den großen Unterschied machen kann. Mit meinem Buch möchte ich Ihnen dabei helfen, diese zu entdecken und zu etablieren.

Der Anfang braucht ein vertrautes Gegenüber

Wir brauchen erst einmal einen Anfang, etwas, an dem wir uns orientieren können. Wir brauchen jemanden, der uns hilft, eine Bestandsaufnahme zu machen und uns zu ordnen. Das kann eine Vertrauensperson aus dem eigenen Umfeld sein oder auch eine fremde Person, der man sich öffnet. Allein wird uns das nicht gelingen – wir brauchen ein Gegenüber.

Sie können sich das folgendermaßen vorstellen: Wenn wir mit uns allein sind, die Gedanken in unserem Kopf verrücktspielen, wir unsere Gefühle nicht einordnen können und sich dieses Chaos auch noch auf unseren Körper auswirkt, sind wir in gewisser Weise in uns gefangen. Stellen Sie sich jetzt vor, dass Sie ein Gegenüber haben, einen anderen Menschen, der Sie offen und freundlich anschaut und Sie einlädt, von sich zu erzählen: Dann wird ein Raum erschaffen, in dem etwas Neues entstehen kann. Stellen Sie sich vor, dass sich dadurch eine Türe öffnet, hinter der Sie etwas Neues entdecken können. Der andere Mensch, das Gegenüber, ist in diesem Moment für Sie und mit Ihnen da und hilft bei allem, was passiert: Er kann Sie festhalten, Ihre Hand halten, Sie begleiten und Ihnen geben, was immer Sie sich wünschen und von ihm brauchen. Jemand ist für Sie da, trägt und hält Sie. Durch den Blickkontakt werden Sie in gewisser Weise gespiegelt, man kann auch von einem Resonanzkörper sprechen. Im Idealfall entsteht daraus etwas ganz Neues, und zwar nicht nur für Sie selbst, sondern auch für Ihr Gegenüber.

Eine riesengroße Chance, dass dieses Gegenüber auch ein Nichtprofi sein kann.

Für mich ist der Gedanke regelrecht verstörend, dass durch die Wartezeit auf eine Therapie oft das Hilflosigkeitserleben der Hilfesuchenden verstärkt wird, obwohl derjenige vielleicht auch andere Wege finden könnte. Viele Hilfesuchende warten sehr lange auf einen Therapieplatz. Manchmal stellt sich dann sehr schnell heraus, dass demjenigen schon mit einigen wenigen guten Sitzungen sehr gut geholfen ist. Diese Hilfe können jedoch in vielen Fällen auch Gespräche mit einer Person aus dem eigenen Umfeld leisten.

Der Anfang mit professionellem Gegenüber

Wenn ich in meiner Praxis mit einem neuen Patienten oder einer neuen Patientin ein Erstgespräch führe, bin ich oft überwältigt von dem Leidensdruck, unter dem die Hilfesuchenden stehen. Oft brauche ich sie nur einmal sanft anzustupsen, und die Worte strömen aus ihnen heraus, wie bei einem überlaufenden Staudamm. Viele sagen danach, dass sie noch nie so lange am Stück geredet hätten, geschweige denn, über sich selbst! Sie erzählen, geben Dinge von sich preis, die noch nie ihren Mund verlassen haben und nie zuvor ans Tageslicht gekommen sind.

Dingen Raum und Ansehen zu geben, die vorher ein Schattendasein geführt haben, keine Gestalt annehmen durften und wie Kellerkinder ein elendes, trauriges und verlassenes Dasein führen mussten, kann den Beginn einer wirklichen Veränderung darstellen – und kann dabei helfen, diese dunklen ungeliebten Anteile ins Licht zu bringen, diese Gespenster begreifbar zu machen.

Manche tasten sich ganz langsam heran. Sie haben ein Gefühl dafür, dass in ihrem Inneren etwas ist, das sie quält, aber können es noch nicht greifen. Andere berichten direkt von konkreten Schwierigkeiten mit dem Partner, den Kindern, Eltern, Freunden oder Kollegen.

Es gibt diejenigen, die mit ganz handfesten, massiven Symptomen kommen, mit denen sie nicht umzugehen wissen, die ihnen Angst machen und sie verunsichern.

Dann diejenigen, die ›nur‹ körperliche Symptome haben, für die keine organische Ursache festgestellt werden kann und die sich, teils auch auf sanften Druck der behandelnden Hausärzte oder auch besorgter wohlmeinender Menschen aus ihrem Umfeld, dem Gedanken nähern, dass eine psychosomatische Komponente beteiligt sein könnte.

Hier ist es wichtig, für jeden eine individuelle Herangehensweise zu finden. Der eine braucht erst einmal nur Raum, eine andere Verständnis, der Nächste muss vor allem Vertrauen aufbauen, ein anderer braucht konkrete Hinweise zur Symptomentlastung.

Dies ist eine unserer wichtigsten Aufgaben, zunächst herauszufinden, ob der- bzw. diejenige wirklich eine Psychotherapie braucht oder eben nicht.

Nach meiner Einschätzung sind die Übergänge häufiger fließend – es gibt immer wieder Menschen, und gar nicht so selten, die sich in einem Erstgespräch als massiv belastet darstellen, die aber schon nach einem oder wenigen Gesprächen und nach der gelungenen Umsetzung einiger weniger Anregungen deutlich entlastet sind.

Dieser Gedanke hat mich motiviert, all das zusammenzutragen, was aus meiner Erfahrung heraus dazu geeignet ist, Hilfestellung zu leisten, um sich selbst allein oder mithilfe von anderen Menschen, Tools sowie angewandtem Wissen auch ohne professionelle Hilfe aus dem Elend befreien zu können.

Wir Menschen sind in Vielem unterschiedlich, dennoch gibt es grundlegende Dinge, die uns miteinander verbinden. Sich über diese Dinge Klarheit zu verschaffen, sich diese bewusst zu machen und in das eigene Leben zu integrieren, kann sehr helfen. Sie können schauen, wovon Sie besonders profitieren, an welchem Punkt Sie Unterstützung benötigen, vor allem aber, womit Sie sich bereits selbst helfen können, wenn Sie nur genügend Anregung und Orientierung erhalten.

Umgang mit dem Buch

Mit diesem Buch möchte ich Ihnen Werkzeuge mitgeben, mit deren Hilfe Sie möglichst gut und unbelastet leben können, ganz egal, wo in der Landschaft Ihres Lebens Sie sich gerade befinden. Ich möchte Ihnen Inspiration sein und Dinge an die Hand geben, die wirksam sind und helfen, für die Sie keine Erfahrung brauchen und keine dicken theoretischen Bücher wälzen müssen.

Um es übersichtlich und einfach zu gestalten, nenne ich diese Werkzeuge *Schlüssel*. Damit lege ich die aus meiner Praxis- und Lebenserfahrung heraus wichtigsten Gedanken und Erkenntnisse dar, die Sie auf Ihre eigene Weise auf Ihr Leben anwenden können.

Jeder einzelne Schlüssel wird genau erklärt, das Wichtigste dazu am Ende zusammengefasst (›long story short‹); zudem werden Vorschläge zur praktischen Anwendung und Vertiefung des Beschriebenen gemacht (›can-do list‹).

Erste Hilfe in einer Krise

Indem Sie dieses Buch zur Hand genommen haben, sind Sie schon einen ersten wichtigen Schritt gegangen. Gehen Sie in sich und fragen sich, wo Sie sich gerade befinden.

Egal, ob Sie sich verlaufen oder nur einen Umweg gemacht haben, ob Sie ganz woanders sind als Sie sein wollten oder schon ziemlich nah am Ziel: gute Worte, Verbindung und Verbundenheit, Vertrauen und Zuwendung helfen uns allen, egal wo wir sind. Dies schließt auch die Verbindung nach innen ein, die wir durch bewusste Atmung und über unsere Sinne herstellen können. Sehen Sie selbst, was Sie am meisten anspricht, und lassen Sie zunächst die Schlüssel 1–9 auf sich wirken; jeder kann von diesen profitieren! Insbesondere in einer Krise ist es essenziell, über die Sinne einen direkten Zugang zu sich selbst zu erlangen und zu lernen, wie man sich unmittelbar selbst beruhigen kann.

Schlüssel 1 – Notfallkoffer für die Sinne

In schwierigen, belastenden Situationen kann Ihnen das Ansprechen der Sinne direkt helfen. In psychischen Krisenzuständen wird dies oft mit dem Begriff des »Notfallkoffers« verbunden. Wenn auch nicht jede oder jeder zwingend einen solchen Koffer braucht, kann es im Grunde nur von Vorteil sein, sich einen solchen zuzulegen, und sei es auch nur in Ansätzen. Ziel ist, sich im Notfall über die fünf Sinne einen direkten Zugang zum Inneren zu bahnen, um sich zu erden und zu beruhigen, sich in gewisser Weise in das Jetzt zurückholen zu können.

Kaufen Sie sich ein kleines Köfferchen oder Kistchen und befüllen Sie es mit mindestens jeweils einem Gegenstand für jeden der fünf Sinne, bei Belieben gerne auch mit mehr. Folgende Beispiele können Ihnen helfen, Ihren eigenen Koffer zusammenzustellen:

RIECHEN Der Riechsinn wirkt am unmittelbarsten und schnellsten auf unser Inneres, er ist der phylogenetisch älteste Sinn des Menschen. Vielen hilft, einen beruhigenden Duft zu wählen, wie z. B. Lavendelöl oder -spray. Der Fantasie sind hier keine Grenzen gesetzt; man kann z. B. sein Lieblingsparfüm nehmen, eine (Hunde-)Decke oder ein Kleidungsstück, das von einem geliebten Menschen getragen wurde.

Aus meiner Erfahrung

Ich habe von meiner geliebten Oma, die schon 1985 gestorben ist, ein Deo im Badezimmerschrank stehen, das (kaum zu glauben!) auch heute noch den typischen Geruch verbreitet, wenn ich es öffne. Dann ist es so, als wäre sie wieder da. Erstaunlich, wie sehr mich das bis heute bewegt.

SEHEN Hier können wir ein Bild von einem Gegenstand, der uns beruhigt oder ein Wohl- bzw. Glücksgefühl in uns auslöst in den Notfallkoffer legen. Das können z. B. ein Foto von einem starken kräftigen Baum, den wir mögen, oder auch Fotos von geliebten Menschen, Urlaubsfotos, schöne Landschaftsfotos oder auch sonstige Bilder sein.

HÖREN Wir können einen Stick oder eine CD mit unserer Lieblingsmusik oder von Naturgeräuschen hineinlegen, eine Playlist, vielleicht auch eine Spieluhr, was immer wir hören wollen.

TASTEN Viele beruhigt ein kleines feines Tuch aus zarter Wolle, eine Decke, ein Stück schöner Stoff, ein Handschmeichler oder eine Murmel. Wir können auch einen Igelball hineinlegen oder eine schöne Handcreme, die sich gut auf der Haut anfühlt, und zugleich auch unseren Riechsinn mit anspricht.

SCHMECKEN Wir können unsere Lieblingsschokolade oder auch eine Praline, einen Teebeutel oder ein Foto von unserem Lieblingsessen in den Koffer legen. Tatsächlich haben viele von uns ein Essen, das uns beruhigt, weil wir dieses Essen mit lieben Menschen oder auch guten Kindheitserinnerungen verbinden. Es lohnt sich, hierüber nachzudenken. Natürlich ist es nicht Sinn der Sache, seinen Kummer in Essen zu ersticken bzw. emotionalem Essen Vorschub zu leisten. Vielleicht ist dies auch ein schmaler Grat bzw. nicht für jede oder jeden geeignet.

Einige Gegenstände verbinden auch einige der Sinne miteinander, so z. B. eine Handcreme oder ein Beutel mit Schaumbad regen das Riechen und das Fühlen an.

Long story short

Die Anregungen der Sinne können uns dabei helfen, uns zu beruhigen und zu regulieren, und zwar oft unmittelbar.

Der Riechsinn ist der älteste unserer Sinne und wirkt daher am unmittelbarsten und schnellsten.

Ein selbst zusammengestellter Notfallkoffer mit Dingen, die einen persönlich anregen, kann auf mehreren Ebenen helfen, zum einen durch die darin enthaltenen Gegenstände, zum anderen auch durch die seine bloße Verfügbarkeit.

Can-do list

Stellen Sie sich Ihren Notfallkoffer zusammen. Schauen Sie zu Hause, ob Sie etwas für Sie Passendes finden, und wenn nicht, überlegen Sie, wann und wo Sie sich etwas besorgen können.

Was wird daran das Wichtigste für Sie sein? Versuchen Sie, darauf ein besonderes Augenmerk zu richten.

Welche guten und auch schwierigen Erfahrungen haben Sie bereits im Zusammenhang mit Ihren Sinnen gemacht? Schreiben Sie dies auf und lassen es auf sich wirken.

Schlüssel 2 – durch Atmung beruhigen

Auf einer unmittelbareren, körperlichen Ebene gilt über alle Symptome und Beschwerden hinweg: Die Fähigkeit zur Selbstberuhigung, professionell ausgedrückt zur Affektregulation, gehört zu dem Wichtigsten und Besten, das wir lernen können. Ich muss zugeben, dies zu Beginn meiner Praxistätigkeit definitiv unterschätzt zu haben. Bei Menschen mit Ängsten und Traumafolgestörungen ist dies offensichtlich, aber sogar der scheinbar coole abgeklärte Manager, der eine perfekte Fassade zeigt, hat hier oft ein starkes Bedürfnis.

Erstaunlich, dass sich diese Thematik quer durch alle Symptomenkonstellationen, Störungs- und Beschwerdebilder zieht, und auch, dass deren praktische Anwendung teilweise auch noch von Patient*innen als problematisch angesehen wird, die in der Therapie schon relativ weit sind oder auch nach eigenem Bekunden schon ›viel gemacht‹ haben.

Hier ist es wie so oft alles eine Frage des Maßes. Eine krasse Anforderung von außen, extremere Lebensumstände oder Bedingungen oder besondere Ereignisse können auch Menschen ins Straucheln bringen, die eine gute ›Selbstberuhigungskompetenz‹ oder ›Affektregulationskompetenz‹ aufweisen. Andere werden schon durch Kleinigkeiten aus der Ruhe gebracht.

Mit Sicherheit ist es für jeden von Vorteil bzw. kann schlichtweg niemandem schaden, wenn man in der Lage ist, sich selbst zu beruhigen. Es gibt Patient*innen, für die das zunächst keine Rolle zu spielen scheint und die dann doch in eine Situation geraten, mit deren Handhabung – wir sprechen von *Coping* — sie überfordert sind. Diese können dann sehr davon profitieren, über entsprechende ›tools‹, also Werkzeuge, zur Selbstberuhigung zu verfügen. Es lohnt sich immer, Techniken zu erlernen, die beim Entspannen, beim ›Runterkommen‹ helfen.

Unsere Atmung

Eine wertvolle Erkenntnis ist, dass die Atmung der gemeinsame Nenner über all diese zur Verfügung stehenden Techniken hinweg ist. Sicher haben Sie schon mal von folgenden Techniken gehört:

- Achtsamkeitsübungen, Meditation und Yoga sind Techniken, die heutzutage von vielen praktiziert oder zumindest mal ausprobiert werden.
- Autogenes Training (AT) und Progressive Muskelentspannung PMR (R = Relaxation, Englisch für Entspannung) sind Techniken, die in vielen psychosomatischen Krankenhäusern und Reha-Kliniken gelehrt werden.
- Qi Gong und TaiChi sind Trainingsmethoden, die ebenfalls häufig angeboten werden.
- Shiatsu und Japanisches Heilströmen JSJ (Jin Shin Jyutsu) sind etwas weniger stark verbreitete Verfahren.

Gut ist, dass man hier ganz langsam anfangen kann. Wir haben fast alle Schwierigkeiten mit der Atmung, atmen zu flach, zu oberflächlich, zu ineffektiv, und es ist ein guter Anfang, mal einen bewussten, tiefen Atemzug zu nehmen. Erstaunlich, dass bereits ein Atemzug eine Veränderung bringen, ein echter ›game changer‹ sein kann.

> Bei der Atmung laufen die Fäden zusammen, sie ist wie das Salz, das wir zum Leben brauchen.

Atmung bringt Ruhe und Entspannung, und zwar direkt, unmittelbar. Oft mache ich mit angespannt erscheinenden Patient*innen folgende Übung, die Sie gern sofort ausprobieren können:

- Stellen Sie sich bitte stabil und aufrecht hin und schließen Sie die Augen.
- Nehmen Sie wahr, dass Sie mit beiden Beinen fest auf dem Boden stehen und von diesem gehalten werden.
- Lassen Sie die Arme locker von den Schultern runterhängen und nehmen Sie *bewusst* einen *tiefen Atemzug* durch die Nase.
- Spüren Sie nun in sich hinein. Wir fühlen Sie sich? Merken Sie, wie Sie ruhiger werden, wie Sie Ihren Körper bewusster wahrnehmen?

Diese erste Übung dauert nur knappe zehn Sekunden – ist das nicht faszinierend? Wenn wir das sechs Mal am Tag machen, dauert es genau 6 × 10 Sekunden, also eine Minute – das ist nur 1/1460 des Tages, also ein verschwindend geringer Zeitanteil. Tatsächlich kann dies aber bereits unmerklich unser Leben verändern, weil Ruhe in uns einströmt, selbst durch diesen einen, tiefen Atemzug. Wir können es natürlich auch länger machen, wenn wir wollen.

Das Entscheidende hier ist die Erkenntnis, dass bereits durch klitzekleine Veränderungen in unserem (wenn man so will, Selbstfürsorge-) Verhalten große Veränderungen in uns erzeugt werden können. Wir kommen näher zu uns, in unsere Kraft.

Alle Angstpatient*innen, mit denen ich bisher gearbeitet habe, haben flach, oberflächlich und ineffektiv geatmet. Die Atmung ist hier der Schlüssel zur Entspannung, also zum Lösen der Spannung, die wir mehr oder weniger unbewusst aufbauen, um Bedrohungen, Anforderungen oder Druck abzuwehren – aber zu viel Anspannung schwächt uns, macht uns anfällig und schließlich unbeweglich und starr.

Welchen Weg wir wählen, um die Atmung zu vertiefen, ist aus meiner Sicht relativ gleichgültig – Hauptsache, wir finden etwas, das zu uns passt. Einer meiner ersten Patienten konnte sich sehr effektiv mit Autogenem Training beruhigen, wenn er nicht schlafen konnte. Er hatte es während eines Klinikaufenthalts gelernt und immer wieder nutzen können, wenn er es brauchte. Manche meditieren, machen Yoga, Qi Gong – allein selig machend ist keine dieser Methoden, aber sie alle können sehr hilfreich dabei sein, unseren sog. »Resilienzmuskel« zu trainieren, in unsere seelische ›Haben‹-Seite einzuzahlen, uns von innen heraus zu stärken. Resilienz ist ein anderer Begriff für seelische Widerstandkraft bzw. die Fähigkeit, mit widrigen Lebensumständen zurechtzukommen.

Aus meiner Erfahrung

*Ich bin aus meiner eigenen Erfahrung heraus überzeugt davon, dass regelmäßiges Meditieren den allermeisten von uns dabei helfen kann, im Ganzen ruhiger, gelassener und entspannter zu werden. Ich habe lange gedacht, dass ich selbst das nicht brauche, obwohl ich es meinen Patient*innen oft nahegelegt habe. In einem Artikel habe ich dann irgendwann den Satz gelesen, dass es praktisch niemanden gibt, der nicht davon profitieren kann. So habe ich mir vor einigen Monaten eine App auf mein Handy installiert, die mich seither (fast) jeden Morgen auf den Tag einstimmt. So kann ich meine Botschaft also aus eigener Erfahrung und Überzeugung heraus überbringen.*

Long story short

Die Fähigkeit zur Selbstberuhigung (Affektregulation) ist eines der wichtigsten Dinge, die wir lernen können und wird häufig unterschätzt.

Die Atmung ist der Schlüssel zur Selbstberuhigung und Entspannung.

Wir können ganz leicht anfangen, indem wir jeden Tag 6-mal einen bewussten Atemzug nehmen – eine Minute, 1/1460 des Tages, durch die sich unser Leben verändern kann.

Can-do list

Geben Sie obiger Idee eine Chance – die Hemmschwelle ist nicht hoch. Was passiert, wenn Sie es einen Tag lang machen? Drei Tage? Eine Woche?

Haben Sie schon einmal eine der oben erwähnten Techniken ausprobiert? Wenn ja, sind Sie dabeigeblieben? Wenn nein, denken Sie drüber nach, was Sie wieder davon abgebracht hat und überlegen Sie, ob Sie dem noch einmal eine Chance geben.

Unabhängig von Ihrem aktuellen Stand: Probieren Sie eine der erwähnten Methoden eine Woche lang aus und schauen Sie, inwieweit sich Ihr Zustand verändert.

Schlüssel 3 – kleine Rituale, große Wirkung

Kürzlich habe ich mir eine kleine gedankliche Eselsbrücke ausgedacht, aus dem allgemein bekannten Wissen heraus, dass uns das Ausführen von Handlungen stets leichter fällt, wenn es ritualisiert ist: Wir alle putzen uns vier Minuten am Tag die Zähne – nach dem Frühstück zwei Minuten, vor dem Schlafengehen zwei Minuten. Warum gelingt uns das? Ganz einfach: Wir denken nicht mehr drüber nach, sondern haben es als Routine etabliert. Man kann auch sagen, dass wir es *ritualisiert* haben.

Entscheidend ist also, dass wir nicht mehr darüber nachdenken, sondern es einfach machen. Das ›Zu-viel-Nachdenken‹ – im Englischen sagt man: ›Don't overthink it‹ – ist der Feind des Etablierens neuer Gewohnheiten, das ist offensichtlich. Mein Vorschlag ist verlockend: Versuchen Sie, das bewusste Atmen zu ritualisieren: 2 × 2 Minuten ruhiges und bewusstes Atmen morgens und abends, jeweils nach (oder vor) dem Zähneputzen.

Hier kann Ihnen das Bild helfen, dass Sie im Kleinen Vorsorge treffen bzw. fürsorglich mit Ihrer Seele umgehen. Somit sorgen Sie dafür, dass Ihre Seele gesund bleibt und nicht kariös wird wie Ihre Zähne, wenn Sie sie nicht putzen.

Wenn Sie Ihre Seele schützen und stärken wollen, ist das ein guter Start, und wenn Sie mögen, können Sie schon heute damit anfangen. Ich bin zuversichtlich, dass sich bereits nach wenigen Tagen eine spürbare Veränderung einstellen wird, sich spätestens nach wenigen Wochen spür- und fühlbare Erfolge zeigen werden. Nach acht bis neun Wochen wird sich die Gewohnheit so fest eingespielt haben, dass Sie gar nicht mehr darüber nachzudenken brauchen. Sie haben sie ritualisiert.

Dies wird Kreise ziehen, wie bei einem Stein, den Sie in einen ruhigen See werfen. Sie werden mehr bei sich ankommen, ruhiger, stärker und kräftiger werden. Das Beste ist: Sie können immer noch mehr machen, wenn Sie wollen! Gut zu wissen, dass Sie sich damit helfen können und es in keinem Fall Schaden anrichten kann.

Rituale geben Sicherheit

Kleine Schritte sind sehr häufig der Schlüssel zum Weiterkommen. Am Anfang scheint alles so überwältigend viel zu sein, das ›Sich-besser-Fühlen‹ kaum erreichbar. Man ist gefangen in den Klauen der Angst, der nahezu existenziellen Unsicherheit. Tatsächlich ist heute, jetzt, der erste Schritt möglich, der eine Veränderung bringen kann. Allein die Erfahrung, dass Sie einen klitzekleinen Schritt nach vorne tun können, ist schon der Durchbruch, da Sie sich bewegen und aus der Starre lösen. Die Schale bricht auf, Sie kommen raus aus der Blase bzw. dem Kraftfeld, das Sie runterzieht und festhält.

Auch andere Rituale können helfen. Fast jede*r macht irgendwelche Dinge auf dieser Ebene, die Sicherheit und Halt geben, oftmals auch, ohne sich das bewusst zu machen. Jeden Sonntag die beste Freundin anzurufen, nach dem nach Hause kommen eine Tasse Kaffee zu trinken, vor dem Schlafengehen zu lesen oder zu beten, zum Abendessen Kerzen anzuzünden, beim Besuch der Heimatstadt in das alte Lieblingsrestaurant zu gehen – das alles sind Rituale, die unserem Leben in gewisser Weise einen Rahmen geben.

Sie werden mit Sicherheit herausfinden, welche Rituale Sie verinnerlicht haben. Das bewusste Ausüben stärkt uns und gibt uns Kraft.

Long story short

Rituale geben uns Sicherheit, Halt und Struktur.

Jede*r verfügt über ein Repertoire an Ritualen – das bewusste Gestalten kann Ihnen in kleinen Schritten helfen, und zwar auf mehreren Ebenen.

Jeden Morgen und jeden Abend jeweils zwei Minuten bewusst zu atmen hilft unserer Seele dabei, gesund zu werden oder zu bleiben.

Can-do list

Geben Sie der Übung eine Chance und probieren Sie es aus. Es dauert nur 4 Minuten – morgens 2, abends 2.

Gehen Sie in sich und schreiben sich auf, welche Rituale Sie bereits ausüben.

Versuchen Sie zu erspüren, wie das bewusste Atmen Ihren Körper positiv verändert.

Schlüssel 4 – auf den Körper hören

Lenken wir nun die Aufmerksamkeit auf den Körper. Wenn Sie z. B. durch bewusste Atmung spüren, dass Ihre Körperwahrnehmung sich verändert, Ihr Körpergefühl sich positiv beeinflussen lässt, entspricht dies zugleich der Aktivierung einer Ressource, einer Kraftquelle. Als Einstieg hierzu mache ich in der Praxis gerne folgende Übung mit meinen Patient*innen:

- Stellen Sie sich aufrecht hin und gehen Sie in Kontakt mit dem Gefühl, das Sie runterzieht, beispielsweise Trauer, Angst oder Wut.
- Stellen Sie die Füße fest auf den Boden. Die Fußspitzen zeigen leicht nach außen, der Brustkorb hebt sich, strecken Sie ihn nach vorn und oben, die Schultern sind gerade und nach außen gerichtet. Allein schon durch diese Haltung werden Sie größer. Sie wachsen.
- Heben Sie den Blick an und erweitern Sie den Horizont Ihrer visuellen Wahrnehmung. Gehen Sie nun in Kontakt mit dem Gefühl oder Aspekt, der Ihnen verloren ging und den Sie

wieder zurückholen wollen, beispielsweise Kraft, Zuversicht, Vertrauen, Wärme, Liebe, Leichtigkeit oder Zufriedenheit.

- Führen Sie Ihre rechte Hand in einem weiten Bogen zum Herzen und legen Sie sie sanft ab.
- Treten Sie einen großen Schritt zurück, ganz bewusst. Merken Sie, dass Sie das ungute Kraftfeld verlassen und dass mit dieser Bewegung wieder ein Zugang entsteht zu dem, was Sie verloren glaubten? Was immer es ist, es kehrt zu Ihnen zurück.
- Sprechen Sie den Namen oder die Bezeichnung dessen jetzt mit fester Stimme laut aus, beispielswiese »Vertrauen« oder »Freude«.
- Spüren Sie, wie dieser Aspekt wieder in Ihr System Einzug hält. Sie können gerne die Augen schließen und den Blick nach innen richten. Vielleicht wird Ihnen warm ums Herz, oder Sie fühlen sich leichter, freier und zufriedener.
- Dieses gute Gefühl können Sie verankern, indem Sie Daumen und Zeigefinger einer Hand zu einem festen Ring schließen. Wenn Sie zukünftig diese winzige Bewegung ausführen, werden Sie an das gute Gefühl erinnert. Wir nennen das Körpererinnerung.
- Verabschieden Sie sich aus der Situation mit einer leichten Verbeugung und einem laut ausgesprochenen »Danke«. Lockern Sie abschließend den Körper und atmen Sie bewusst ein und aus.

Sie können die Körpererinnerung verstärken, indem Sie nach dieser Übung die Arme vor der Brust über Kreuz verschränken, die Daumen ineinander verhaken, die anderen Finger auf die Brust legen und sich dann im Sekundentakt abwechselnd auf die Brust klopfen. Sie werden merken, dass sich das Gefühl intensiviert und/oder in Ihrem Körper ausbreitet. Diese Ressourcenaktivierung ist bekannt aus dem Eye Movement Desensitization and Reprocessing, EMDR (Posttraumatische Belastungsstörung, Seite 178), lässt sich aber auch in diesem Rahmen wunderbar anwenden.

Selbstwirksamkeit mit Schneeballeffekt

Mit Ressourcenaktivierung oder auch -installation ist meist viel mehr getan, als wir uns bewusst machen. Der erste Schritt zum aktiven Gestalten des ›Sich-besser-stärker-kräftiger-Fühlens‹ ist damit getan. Ressourcenaktivierung findet immer dann statt, wenn Sie Dinge abrufen, die Ihnen in der Vergangenheit geholfen haben – sei es durch bewusstes Erinnern an geklärte oder gelöste Schwierigkeiten oder durch Abrufen ritualisierter Handlungen, die Ihnen in der Bewältigung von Krisen gute Dienste geleistet haben. Hierdurch gewinnen Sie Sicherheit zurück und das Gefühl, dass Sie selbst Ihr Schicksal mit in der Hand haben und Sie es steuern können. Was Sie tun, erzielt eine Wirkung: man spricht hier auch von *Selbstwirksamkeit*. Dies ist ein wichtiger Schritt dahin, ein Stück weit die Kontrolle über das innere Erleben wieder zurückzuerlangen, dem Sie sich phasenweise so ausgeliefert gefühlt haben.

Diese Ressourcenaktivierung zeigt sich in der Regel auch im Körpererleben. Sie fühlen sich beispielsweise kräftiger, Sie frieren weniger oder haben weniger Schmerzen. Dies kann einen echten Schneeballeffekt haben. Ist dieser Prozess einmal in Gang gekommen, erfasst er mehr und mehr Bereiche Ihres Seins, durchdringt Sie und lässt Sie spüren, dass Sie mehr Kraft haben, als Sie in Ihrer aktuellen Krise glauben. Wie von selbst werden Sie sich an bereits durchlebte Krisen und schwierige Zeiten erinnern und daran, dass Sie auch bereits andere Phasen in Ihrem Leben hatten, wo es richtig schwer war, und Sie dachten, dass Sie es nicht schaffen können. Am Ende sind Sie doch da herausgekommen, und das sogar gestärkt.

Diese Stärke spüren Sie dann auch im Körper. Dieser ist untrennbar mit der Seele verbunden und deshalb niemals losgelöst von dieser zu betrachten. Gefühle, Affekte zeigen sich immer auch im Körper. Dies bietet sehr große Chancen, lassen sich doch die Gefühle auch über den Körper beeinflussen. Körper und Seele sind in der Tat untrennbar miteinander verbunden und die Möglichkeit der Einflussnahme geht in beide Richtungen. Die sinnlose Diskussion darüber, was denn jetzt zuerst da war, ist eine typische ›Henne-oder-Ei-Debatte‹ und macht keinen Sinn. Entscheidend ist, dass die beiden Entitäten sich gegenseitig bedingen und überhaupt erst ermöglichen.

Körper und Seele hängen zusammen

Der Körper folgt der Seele, was sich z. B. sehr deutlich daran erkennen lässt, dass man weniger Schlaf braucht und weniger isst, wenn man frisch verliebt ist, aber andersherum funktioniert das auch: Die meisten fühlen sich besser, wenn sie gut geschlafen haben, der Körper ist ausgeruht und die Seele hat sich gleich mit regeneriert. Fast jede*r hat schon erlebt, dass sich Bedrückendes nach einem guten Nachtschlaf schon anders anfühlt. Sport lädt unsere seelischen Batterien gleich mit auf; ein heißes Bad mit einem wohlriechenden Zusatz versetzt die meisten Menschen in eine bessere Stimmung. In der Regel können wir uns auf unseren Körper verlassen.

Aus meiner Erfahrung

Ich schildere das gerne an einem persönlichen Beispiel: Mein Stressorgan ist der Kopf. Wenn ich Kopfschmerzen bekomme, erzählt er mir Folgendes über mich: Du hast nicht gut auf dich aufgepasst, zu viel gearbeitet, zu wenig geschlafen, nicht genug getrunken oder gegessen. Mein Körper ist also gnadenlos ehrlich und zeigt mir den Weg: Ruh dich aus, trink was, kümmere dich um dich! Er ist mein bester Freund, weil er absolut verlässlich aufdeckt bzw. mir zeigt, was ich versäumt habe. Er hat die Ampel angeschaltet und mir Warnsignale geschickt. Und ich bin hoffentlich klug genug, ihnen zu folgen.

Wenn es uns gelingt, den Körper genauso ernst zu nehmen wie die Seele, beide als gleichrangig und unzertrennlich miteinander in Verbindung stehend zu betrachten, dann können wir auf mehreren Ebenen Warnsignale erkennen und daraus lernen.

Long story short

Der Körper lügt nie. Er zeigt uns immer den Weg, den wir gehen sollen. Der Körper ist unser bester Freund.

In sich Hineinhorchen ist eine wichtige Voraussetzung dafür, unter Anwendung der oben beschriebenen Methode Ressourcen zu aktivieren und sich damit zu stärken.

Körper und Seele sind untrennbar miteinander verbunden und bedingen sich gegenseitig. Diese Wechselbeziehung lässt sich in beide Richtungen beeinflussen.

Can-do list

Versuchen Sie, die oben beschriebene Übung durchzuführen. Was tut sich für Sie? Spüren Sie Erleichterung?

Reflektieren Sie, an welchen Stellen bei Ihnen die Seele Einfluss auf den Körper genommen hat und umgekehrt. Hilft Ihnen das weiter?

Überlegen sie, was Sie jemandem raten würden, der mit einem Problem wie oben geschildert zu Ihnen kommt. Haben Sie Ideen dazu? Können Sie diese auch auf sich selbst anwenden?

Schlüssel 5 – die heilende Kraft der Worte

Sprache ist viel bedeutsamer als wir uns bewusst machen. »Am Anfang war das Wort«, das ist der Satz, mit dem die Bibel beginnt. Erst durch das Wort, das Benennen von Dingen, nehmen diese überhaupt Form an, werden diese real, beginnen sie, zu existieren. Wir begreifen die Welt und erschließen uns diese durch Worte. Worte sind mächtig und kraftvoll. Das richtige Wort zur richtigen Zeit kann uns mit dem Gegenüber oder auch mit uns selbst versöhnen, es kann regelrecht Frieden schaffen. Worte können heilsam sein, sie können wirklich heilen.

Seit Beginn meiner Tätigkeit sammle ich Worte und Sätze, die heilende Wirkung haben können. Während meiner Facharztausbildung auf einer Psychotherapiestation habe ich die Patient*innen am Ende des Aufenthaltes gefragt, was ihnen denn bei ihrem stationären Aufenthalt am meisten geholfen habe. Die Antworten waren erstaunlich – ungefähr jeder Zweite sagte, dass ein zugesprochener Satz ihn in seinem Inneren tief berührt hat. Dies waren oft scheinbar banale Sätze, die man häufig als lapidar oder ›typischen Kalenderspruch‹ empfindet. Diese Sätze waren offensichtlich in der Lage, etwas anzustoßen. Auf einer tiefen Ebene wurde etwas zum Klingen, in Bewegung gebracht. Hierbei handelt es sich zum Beispiel um folgende (Glaubens-)Sätze:

- Ich bin nicht allein!
- Morgen geht die Sonne wieder auf!
- Die Sonne scheint immer, auch wenn ich sie nicht immer sehe!
- Ich kann immer auf die nächsten 24 Stunden schauen. »Take one step at a time!«
- Ich bin (gut) genug!
- Jeder gibt sein Bestes, auch meine Eltern haben dies versucht!
- Solange ich lebe, gibt es Hoffnung!
- Wenn ich diese Krankheit überstanden habe, habe ich ein besseres Leben!
- Ich kann meinem Körper vertrauen!
- Es gibt immer einen Weg!

In vielen Fällen kamen diese Worte nicht von uns Profis, sondern von Mitpatient*innen!

Im Englischen spricht man von »life sentences« – »Sätze für's Leben« ist wohl die beste Übersetzung. Diese vergisst man nicht, sie brennen sich ein. Sie können Schlüssel für ein gelungenes und gelingendes Leben sein, Halt und Orientierung bieten, eine Richtschnur sein. Einer meiner vielleicht wichtigsten »Sätze für's Leben«, den ich mir während meiner Studienzeit eingeprägt habe, lautet:

> — Gehe den Weg, den nur du gehen kannst und kein anderer. —

Mir hat sich durch diesen Satz eine ganze Welt eröffnet. Es gibt für jeden einen Weg; für jeden ist es ein anderer. Und es gibt Schlüssel für all die verschlossenen Türen auf unserem Weg, mit denen wir diese aufschließen können. Jeder braucht etwas anderes, und doch gibt es Schlüssel, von denen jeder profitieren kann und die sich jeder zunutze machen kann.

Die heilende Kraft der Worte hilft Menschen, ihren Weg durch das Dickicht ihrer Symptome, Irrungen und Wirrungen zu finden. Wir wissen nie, welche tiefe nachhaltige, zutiefst prägende Wirkung unsere Worte haben können, wie sehr sie berühren, verändern, ja heilen können.

Es lohnt sich immer wieder, sich bewusst zu machen: Heilende, versöhnende Worte können von jedem ausgesprochen werden, nicht nur von einem Therapeuten oder einer Therapeutin!

Aber es ist auch ebenso wichtig zu verstehen, dass Worte auch Schaden anrichten und regelrecht zerstören, tief treffen und kränken können (siehe Schlüssel 23: Sprache und Kommunikation, Seite 129).

Long story short

Worte können heilsam sein. Worte können Leben verändern. Worte können heilen.

Worte können in Form von »life-sentences« unser Leben begleiten und prägen.

Jede und jeder kann Worte segensreich einsetzen.

Can-do list

Suchen Sie Ihre »life-sentences« und schreiben Sie sich diese auf.

Überlegen Sie, wer Ihnen mit Worten geholfen hat – was genau wurde gesagt, und wie genau hat es geholfen?

Wem haben *Sie* mit Worten geholfen? Was genau haben Sie gesagt und welches Feedback haben Sie bekommen?

Schlüssel 6 – Geborgenheit durch Verbindung

Wenn Sie im Wald stehen und es dunkel wird, wenn Sie in einer einfachen Hütte am Waldrand sitzen und sich einsam und allein fühlen, dann brauchen Sie vor allem ein anderes Lebewesen, Verbindung und Verbundenheit. Manche fühlen sich innig mit Tieren verbunden, die meisten von uns brauchen aber andere Menschen. Je tiefer wir die Isolation, das Abgeschnittensein von anderen spüren, desto tiefer und verständlicher ist der Wunsch nach Verbindung. Viele glauben, dass sie einen Profi brauchen, damit sie Hilfe erhalten können. Das muss aber nicht unbedingt sein.

Stellen Sie sich vor, dass es Ihnen ohne Weiteres gelingen kann, eine stabile, verständige Vertrauensperson aus Ihrem privaten Umfeld zu finden, der Sie sich offenbaren und anvertrauen können. Das kann jemand sein, den Sie schon lange kennen, oder auch jemand, den Sie neu kennenlernen. Jeder von uns braucht jemanden, mit dem er sich verbunden fühlt, dem er vertraut, bei dem er die Scham überwinden kann.

Beispielsweise ist dies auch im 12-Schritte-Programm der Selbsthilfegruppen der Anonymen Alkoholiker (AA) angeführt. Dies ist ein von der Gemeinschaft der Anonymen Alkoholiker entwickeltes Programm, das den Betroffenen dabei hilft, ein gutes und erfülltes Leben, ohne den für sie so dominierenden Alkohol, führen zu können. Meines Wissens hat sich dieses Konzept bewährt und unzähligen Menschen auf dem Weg zur Heilung sehr geholfen. Sich zu zeigen wie man ist, seine Scham zu überwinden kann schon eine tiefe, substanzielle Veränderung bewirken.

Wir alle brauchen Verbindung(en) mit anderen Menschen, Kontakt. Dies ist nicht zwingend daran gebunden, dass wir mit jemandem zusammen sind oder leben.

Voraussetzung für gute Verbindungen mit anderen Menschen ist, und das ist uns häufig nicht bewusst, dass wir in Kontakt mit uns selbst sind. Wenn der Kanal nach innen offen ist, dann ist die Voraussetzung dafür geschaffen, dass etwas in unserem Innen in Bewegung kommt. Wir können uns selbst besser kennenlernen und wahrnehmen. Wenn wir vor uns selbst weglaufen, können wir also auch nicht wirklich tief mit anderen verbunden sein.

> — Wir können anderen immer nur so tief begegnen, wie wir uns auch selbst zu begegnen vermögen. —

Verbundenheit nach außen hat mehrere Dimensionen: zum einen die Verbindung zu anderen Menschen, zum anderen die Verbindung nach

›oben‹, zum Universum, Gott oder den höheren Mächten, spirituellen Kräften. Interessant finde ich, dass eine mögliche Deutung für die Herkunft des Wortes »Religion« das lateinische Verb »ligare« aufführt, übersetzt »binden« – auch hier steckt also Verbindung drin.

Balance zwischen Verbindung und Autonomie

Wir alle haben ein uns tief innewohnendes, angeborenes, evolutionär in uns angelegtes Bedürfnis nach Zugehörigkeit und Zusammengehörigkeit, das über alle ethnischen, kulturellen, gesellschaftlichen und charakterlichen (!) Unterschiede hinweg gilt. Wir haben das Bedürfnis nach einem Gegenüber, einem Partner, der Familie, einer Gruppe Gleichgesinnter oder Interessierter. Zugleich haben wir auch den Wunsch, unsere Individualität, unsere Autonomie zu bewahren, nicht in der Gruppe oder im Gegenüber unterzugehen, uns nicht zu verlieren. Das Austarieren und Ausbalancieren dieser beiden so wichtigen Triebfedern ist essenziell für uns. Im Idealfall gelingt es, weder in das eine Extrem – wir machen uns vom anderen oder der Gruppe abhängig, können nicht für uns bzw. mit uns selbst klarkommen – noch in das andere – wir können keine echte Nähe zulassen, uns nicht einlassen bzw. hingeben – zu verfallen.

Verbindungen wachsen meist über Jahre und Jahrzehnte, aber jede hat irgendwann mal angefangen. Die meisten von uns haben mehrere oder wenige tiefe, oft über Jahre und Jahrzehnte gewachsene Bindungen an Familienmitglieder und Freund*innen von früher. Über die Zeit und je nach Lebensphase kommen neue Menschen hinzu, Freund*innen, Kolleg*innen und Nachbar*innen. Immer mal wieder tritt jemand Neues in unser Leben, zu dem wir vielleicht sogar sehr schnell Verbindung herstellen können. Vielleicht haben Sie auch schon mal unverhoffte Erfahrungen gemacht, eine Zufallsbekanntschaft auf einer Reise oder Fortbildung, in einem Krankenhauszimmer oder bei einer Veranstaltung, der Sie vielleicht sogar spontan Ihr Herz ausgeschüttet haben. Manche berichten, dass es fast leichter ist, Fremden Dinge anzuvertrauen, weil man sich dann weniger schämt.

Wenn Sie die Suche konkreter gestalten möchten, kann das aktive Aufsuchen von Gleichgesinnten sinnvoll und hilfreich sein. Ein Anfang ist auch dann gemacht, wenn Sie eine Selbsthilfegruppe aufsuchen. Viele haben mir erzählt, dass das zentrale Moment dabei ist, sich endlich nicht mehr allein zu fühlen, sondern als eine oder einer unter vielen.

Long story short

Menschen brauchen Verbindung. Dieses Bedürfnis ist evolutionär in uns angelegt und gilt über alle Unterschiede hinweg.

Wir alle brauchen auch die Verbindung zu uns selbst. Wir können anderen nur so tief begegnen, wie wir uns selbst begegnen.

Wir können versuchen, Verbindungen aktiv herzustellen, z. B. auch, indem wir Selbsthilfegruppen aufsuchen.

Can-do list

Überlegen Sie, mit wem oder was Sie sich am innigsten verbunden fühlen. Wie können Sie diese Verbindung stärken und was tun Sie dafür?

Wann haben Sie sich das letzte Mal jemandem anvertraut? Hat Ihnen das geholfen? Wenn ja, warum, und wenn nein, warum nicht?

Versuchen Sie, anderen Menschen Verbindung und Kontakt zu ermöglichen? Könnten Sie dies noch ausbauen?

Schlüssel 7 – Vertrauen schöpfen gegen Angst

Verbundenheit und Vertrauen sind eng miteinander verknüpft. Wenn wir vertrauen können, schwindet unsere Angst. Genauso wie das Bedürfnis nach Verbindungen ist das Gefühl der Angst in uns evolutionär angelegt und sichert in manchen Bereichen unser Überleben. Angst ist also zutiefst sinnvoll.

In anderen Bereichen gilt jedoch, dass Angst blockiert und lähmt. Im schlimmsten Fall verschließt existenzielle Angst uns den Zugang zu unserem Inneren, zu uns selbst. Dann reißt der Kontakt zu uns selbst, unsere Verbindung zu uns selbst ab. In diesem Fall ist Angst doppelt schlimm, weil sie dafür sorgt, dass wir uns hilflos und vor allem allein fühlen. Wir sind mit uns selbst nicht mehr verbunden, aber eben auch nicht mehr mit anderen Menschen. Wir schweben quasi ohne Netz und Boden unter den Füßen hilflos durch Zeit und Raum, ohne Sicherheit und Vertrauen. Wichtig ist, dass dies ›nur‹ ein Gefühl ist, wobei sich das Wörtchen ›nur‹ zunächst wie blanker Hohn anhört.

> — Angst fühlt sich zwar allmächtig an, sie hat aber am Ende immer nur so viel Macht, wie wir ihr geben. Wir können der Angst etwas entgegensetzen: Vertrauen. —

Daran hapert es allerdings sehr häufig. Sehr viele Menschen haben das Gefühl, dass ihnen das Urvertrauen fehlt. Aus meiner langjährigen Erfahrung in der Praxis kann ich Ihnen mit Sicherheit sagen: Vertrauen wieder aufzubauen, ist so gut wie immer möglich. Dies erfordert meist aber sehr viel Zeit und vor allem – besonders wichtig – Geduld.

Die tiefere Ursache für das Grundgefühl, nicht vertrauen zu können, ist nicht immer so klar wie es scheint. Bei manchen ist es offensichtlich, dass schlimme und teils traumatische Dinge geschehen sind – oft schon in der Kindheit, in der man noch sehr verletzlich und wehrlos war. Bei anderen ist es nicht greifbar, woran es eigentlich genau liegt, dass jemandem zu vertrauen so schwerfällt. Wie bei den meisten Dingen gilt wahrscheinlich auch hier: Es handelt sich um ein sehr komplexes Zusammenspiel aus vielen verschiedenen Faktoren wie Veranlagung, Umwelteinflüssen und Interaktionen.

Für Sie kann es hilfreich sein, zu versuchen, sich die tiefere Ursache des erschwerten Vertrauensaufbaus bewusst zu machen: Sind Sie von einer wichtigen Bezugsperson wie einem Elternteil oder einem Partner bitter enttäuscht worden? Oder haben Sie etwas Schreckliches erlebt und fragen sich, warum ausgerechnet Sie es erleben mussten?

Unabhängig von den genauen Ursachen und Umständen des Vertrauensverlusts kann es erstaunlicherweise fast immer gelingen, Vertrauen wieder aufzubauen. Hier brauchen wir vor allen Dingen eine stabile, konstante Bezugsperson, die uns dabei hilft. Dies ist häufig eine professionelle Person. Diese dient in aller Regel als eine Art Rollenmodell, um im ›richtigen Leben‹ Mut fassen, sich auch auf andere Menschen einlassen zu können.

Bei sehr schwerem Vertrauensverlust ist eine gute stabilisierende, auch haltgebende Person sehr wichtig und segensreich. Dies sind dann tatsächlich häufig professionelle Psychotherapeut*innen, die eine Neuerfahrung einer Beziehung bieten können. Dies ist vor allem dann bedeutsam, wenn jemand an dieser Stelle in der Tiefe Heilung braucht. Vielleicht lässt sich etwas vereinfacht sagen, dass die professionelle Begleitung umso wichtiger ist, je tiefer die Verletzung ist, je stärker das Vertrauen angekratzt ist.

Häufig zeigt sich, dass im persönlichen Umfeld Menschen sind, die uns lieben und für uns da sein wollen. Auch wenn wir zunächst Schwierigkeiten damit haben, unsere Bedürfnisse, Wünsche und Sehnsüchte auszudrücken – das kann man lernen. Und dann lässt sich Vertrauen gegen die Angst aufbauen.

Long story short

Wenn Vertrauen wachsen kann, lässt die Angst nach.

Es hilft, sich über die Ursachen des Vertrauensverlusts klar zu werden.

Je schwerer der Vertrauensverlust, desto wichtiger ist eine gute Beziehungserfahrung, für die in der Psychotherapie eine Grundlage geschaffen werden kann.

Can-do list

Erspüren Sie, bei bzw. mit wem Sie Vertrauen empfinden konnten. Können Sie diese Personen aufsuchen und mit ihnen in Kontakt treten?

In welchen Situationen merken Sie, dass Ihr Vertrauen in Sie selbst wächst oder auch schwindet? Können Sie die positiven Erlebnisse wiederholen oder verstärken?

Welche Erinnerungen zeigen Ihnen, dass Sie Vertrauen hatten – in sich selbst oder in andere? Schreiben Sie sich solche guten Erfahrungen auf oder erzählen Sie jemandem davon.

Schlüssel 8 – das Geschenk der Zuwendung

Ein Zitat von Meister Eckhart, einem Philosophen und Theologen des Spätmittelalters, kann uns eine Richtschnur sein:

> —— Immer ist die wichtigste Tat die Liebe. ——
>
> Meister Eckhart (Eckhart von Hochheim)

Einem Menschen in Liebe zu begegnen und dies im Sinne einer Grundhaltung allen Menschen gegenüber zu tun, mit einem liebevollen Blick auf den Kern zu schauen, den Wesensgrund, das tiefe, hinter neurotischen, teils nervig erscheinenden, manchmal sogar verstörenden Verhaltensweisen verborgene Eigentliche des Menschen wahrzunehmen und zu erfassen, zu erfühlen, zu erspüren und zu spiegeln, ist vielleicht das Wichtigste, das wir tun können.

Dies gilt im professionellen Kontext in besonderem Maße. Wenn wir Therapeut*innen dazu nicht in der Lage sind, können wir uns nicht wirklich mit den Menschen verbinden, die sich uns anvertrauen und von uns Hilfe wünschen. Allerdings gilt dies auch außerhalb der Praxisräume und für uns alle im ›richtigen Leben‹: Wenn es uns gelingt, uns den Menschen um uns herum liebevoll zuzuwenden und hinter die Kulissen zu schauen, bekommen wir einen tieferen Blick und können viel mehr Verständnis entwickeln.

Mit diesem liebevollen Blick auf die Menschen praktizieren wir eine Grundhaltung dem Leben gegenüber, die bereits im antiken Griechenland im Begriff der AGAPE, der Liebe für alle, der Nächstenliebe, ihren Ausdruck fand. Ins Lateinische übersetzt sprechen wir von der »Caritas«, nicht umsonst der Name einer großen Wohlfahrtsorganisation.

Die den meisten geläufige Form der Liebe ist die sog. romantische oder auch erotische Liebe. Diese Liebe ist zwar wunderschön und für viele das Salz in der Suppe des Lebens, wird aber insofern oft überschätzt, als dass sich viele Menschen dadurch die Lösung ihrer Probleme erhoffen.

Wir können niemals wissen, was jemand gerade durchmacht, was jemand durchgemacht hat. Freundlich und offen auf andere Menschen zugehen zu können öffnet die Herzen – manchmal direkt, manchmal erst nach langer Zeit, und es wirkt.

Die Liebe für alle zeigt schon an und für sich, dass es vor allem um die innere eigene Einstellung anderen gegenüber geht. Wenn Sie in Ihrem Leben suchen, werden Sie viele Beispiele dafür finden können, wie sich Liebe gegenüber anderen ausdrückt, aber auch, an welcher Stelle und in welcher Form Ihnen Liebe geschenkt und entgegengebracht wurde. Im Kontext der Paartherapie hört man sehr häufig den Aphorismus: »Liebe ist kein Gefühl, Liebe ist eine Entscheidung.« Was sich erst einmal etwas befremdlich anhört, ermöglicht uns bei näherer Betrachtung eine ganz andere Sichtweise und wesentlich mehr Möglichkeiten: Wenn wir uns bewusst dafür entscheiden, die liebende Brille aufzusetzen und zu erkennen, dass jemand Granteliges und Stacheliges in Wirklichkeit verletzt wurde und sich im tiefen Inneren danach sehnt, geliebt und angenommen zu werden, können wir anders mit ihm umgehen, als wenn wir nur auf die Oberfläche schauen.

Dies klingt wie ein Allgemeinplatz, aber vielleicht brauchen wir gerade in der heutigen Zeit mehr denn je Menschen, die liebevoll agieren und damit zur Keimzelle des Friedens werden.

Long story short

Sich anderen liebevoll zuzuwenden, hat mehr mit einer Grundhaltung den Menschen gegenüber zu tun als mit einem Gefühl.

Die AGAPE, die Liebe für alle und zu den Menschen, hilft den anderen und uns selbst.

Romantische Liebe ist zwar wunderschön und das Salz in der Suppe, wird aber insofern oft überschätzt, als dass sich viele Menschen durch diese die Lösung ihrer Probleme erhoffen.

Can-do list

Versuchen Sie einen Tag oder eine Woche lang, ganz bewusst wohlwollend und freundlich mit allen umzugehen, die Ihnen begegnen. In welchen Situationen fällt Ihnen das besonders schwer, wann fällt es leicht?

Können Sie sich andere praktizierte Wege der Nächstenliebe vorstellen? Welche sind das? Wie können Sie diese in Ihr Leben einbauen?

An welcher Stelle haben Sie erfahren, dass liebevolle Zuwendung Ihnen geholfen hat oder dass Sie sich anderen liebevoll zugewandt haben? Können Sie das wiederholen?

Schlüssel 9 – gesehen werden – gemeint sein

In unserem tiefsten Inneren wollen wir gesehen werden, auch wenn uns das nicht immer bewusst ist – es ist eins unserer tiefsten Bedürfnisse, wenn nicht sogar unser tiefstes. Mit ›gesehen werden‹ ist gemeint, dass wir so wie wir sind vom anderen erkannt werden. Somit sind die Übergänge zum ›bedingungslos angenommen‹ und ›geliebt werden wie ich bin‹ fließend. Es geht es darum zu sehen, wer der andere ist, was ihn in seinem Inneren, seinem Kern ausmacht. Wahrscheinlich ist im tiefen Inneren im Grunde jeder Mensch liebenswert (zumindest die allermeisten) – viele fühlen sich an dieser Stelle aber verkannt und nicht gesehen. Zugleich schließt dies mit ein, dass wir uns Wertschätzung für das erhoffen, was wir tun.

Wie oft ist es so, dass Menschen tieftraurig darüber sind oder auch gekränkt, wenn sie in ihren Bemühungen, auch teils um andere, nicht wahrgenommen werden. Wie viele haben das Gefühl, dass das ›Sich-Kümmern‹, das ›Sich-Sorgen‹ von den anderen als selbstverständlich angesehen wird. Das wertschätzende, liebevolle ›Ich-sehe-dich – toll-was-du-für-unsere-Familie-tust-und-wie du-dich-kümmerst-und-alles-zusammenhältst‹ oder auch Aussagen wie ›Danke, dass Sie dieses Projekt noch zu Ende führen, diese Überstunde machen, diesen Umweg für mich fahren‹, oder ... oder ... können unser ganzes Leben zum Positiven verändern. Hier geht es um mehr als reine Anerkennung oder Lob – es geht vor allem darum, zu sehen, was der andere tut und dass dies eben nicht selbstverständlich ist.

Die Sache mit der Scham

An bestimmten Punkten möchten wir in der Regel nicht gesehen werden, nämlich an denen, für die wir uns schämen. Es gibt Dinge und Erlebnisse, die wir vor anderen verborgen halten wollen. Oft haben wir das Gefühl, dass andere nichts mehr mit uns zu tun haben wollen, wenn die Dinge ans Tageslicht kommen, für die wir uns schämen. In diesem Sinne ist Scham ein tief verstörendes Gefühl, das uns von anderen trennt und dazu führt, dass wir uns isolieren, aus der Verbindung gehen.

Was wir meistens nicht verstehen: Jede und jeder hat irgendetwas, für das sie/er sich schämt, auch wenn wir uns das nicht vorstellen können.

Scham verbindet uns also auf einer übergeordneten Ebene miteinander, da es zu den grundlegenden Erfahrungen des Menschseins gehört.

> —— Wahrscheinlich gehört es zu unseren heilsamsten Momenten, wenn im Beisein eines Menschen, der uns sehen kann und uns in den Blick nimmt, etwas ans Tageslicht kommt, für das wir uns schämen. ——

In diesem Moment löst die Scham sich auf, weil wir gesehen wurden und uns damit mit dem anderen verbunden haben. Scham ist wie ein anaerobes Bakterium: Wenn es ans Tageslicht kommt, löst es sich auf. Im Auflösen, im Transformieren der Scham lassen wir diese frei, werden innerlich freier und leichter.

Probieren Sie es aus: Sie werden spüren, dass Sie mit allem, was zu Ihnen gehört, gesehen wurden und trotzdem gemeint sind. Vielleicht ist kaum etwas anderes heilsamer als dieser Vorgang.

Long story short

Wir wollen alle gesehen werden – mit ›gesehen‹ ist im Grunde nichts anderes gemeint als erkannt werden, geliebt werden.

Gesehen werden geht über reine Anerkennung und Lob hinaus, es geht tiefer.

Wenn Dinge gesehen werden, für die wir uns schämen, werden wir leichter, freier und ein Stück heiler.

Can-do list

Sie können bewusst versuchen, jemandem Ansehen zu geben – was braucht es dafür? Welche Veränderungen spielen sich dabei in Ihnen ab?

Wann haben Sie sich jemandem ganz gezeigt, sodass Sie gesehen und erkannt werden konnten?

Haben Sie mal den Mut gehabt, jemand anderem von etwas zu erzählen, für das Sie sich schämen? Wenn ja, wie haben Sie sich danach gefühlt? Wenn nein, könnten Sie sich vorstellen, das mal zu tun?

Schlüssel 1–9 kompakt

Es gibt für jeden einen Weg. Ihr Weg ist wahrscheinlich an der einen oder anderen Stelle steinig, steil oder unwegsam; vielleicht haben Sie sogar das Gefühl, sich auf der Landkarte Ihres Lebens verlaufen zu haben oder vom Weg abgekommen zu sein. Vielleicht stellen Sie sich die Frage, ob der von Ihnen eingeschlagene überhaupt Ihr ureigener Weg war oder vielleicht einer, der Ihnen vorgegeben oder vorgelebt wurde, ein Weg, den Sie unhinterfragt übernommen haben.

Falls Sie an einem solchen Punkt angelangt sind, können Sie von den genannten Schlüsseln 1–9 profitieren. Die Schlüssel und Werkzeuge stellen quasi die Grundausrüstung dar. Über die Zusammensetzung, Kombination der verschiedenen Elemente entscheiden Sie selbst. Weil jeder seinen eigenen Weg geht, braucht jeder sein eigenes Werkzeug, seinen eigenen Schlüsselbund. Gehe den Weg, den nur du gehen kannst und kein anderer.

Welcher der Schlüssel spricht Sie am meisten an? Hierbei kann Ihnen helfen, in sich und Ihren Körper hineinzuspüren: Sie können Sich auf Ihre Rückmeldung verlassen.

Es gibt also nicht den einen goldenen Schlüssel – es gibt jedoch viele Schlüssel, die zum Grunderfahrungsschatz der Menschheit gehören und aus diesem Grund von den meisten Menschen als allgemeingültig angesehen werden.

Nichts gilt für jeden, nichts gilt für alle, deshalb ist es vor allem wichtig, dass Sie Ihre ureigenen Bedürfnisse kennen und lernen, Ihren passenden Schlüssel für diese zu gebrauchen.

Kennen Sie die »Fünf Sprachen der Liebe«? Die Fünf Sprachen der Liebe sind nach dem Autor Dr. Gary Chapman wertschätzende Worte, körperliche Berührung, Geschenke, Liebesdienste und Quality Time. Darin drückt sich aus, auf welchem Weg wir unsere Liebe zeigen. Viele Menschen erwarten z. B., dass der Partner ständig seine Liebe mit Worten bekräftigt. Dieser spricht aber vielleicht eine andere Sprache der Liebe und zeigt diese indirekt, indem er für den Partner etwas tut. Die meisten von uns sprechen eine dieser Sprachen besonders gut, es gibt aber auch echte Sprachtalente.

So ist es auch mit dem obigen Schlüsselbund. Auch hier gibt es sicherlich das eine oder andere, das Sie ganz besonders anspricht.

Betrachten Sie es als einen Segen, wenn Sie Menschen finden, die Sie behutsam, geduldig, liebevoll und emphatisch auf diesem Weg begleiten, aber lassen Sie sich bitte von niemandem erzählen, dass Sie nur ›was auch immer‹ zu machen brauchen, damit es Ihnen besser geht. Ein Satz wie »Macht es so, wie ich es euch sage, und dann geht es euch gut« erzeugt viel (Leistungs-)Druck, baut Spannungen auf und weckt (erneut) Versagens-, Unzulänglichkeits- und Minderwertigkeitsgefühle. Falls ein solcher Impuls tatsächlich wirkt, dann war vorher bereits ein Prozess im Gange.

> — Ihr Weg ist nicht meiner, nicht der Ihres Gegenübers. Ihr Weg ist Ihr eigener. Jede und jeder hat einen eigenen Weg, kann sich einen eigenen Schlüsselbund zusammenstellen. —

Ich bin der festen Überzeugung, dass jede und jeder ihren/seinen Weg finden kann. Und auch wenn im Grunde viele Dinge einfach sind: Manchmal ist es schwer, das zu erkennen. Im Rückblick erkennen wir oftmals, dass wir uns selbst im Weg standen, wir uns das Leben zu schwer gemacht haben. Von dem dänischen Theologen Søren Kierkegaard stammt einer meiner Lieblingsaphorismen: »Wir können das Leben nur vorwärts leben, aber nur rückwärts verstehen.«

In diesem Sinne wünsche ich Ihnen: Mögen die Schlüssel Ihnen auf Ihrem Weg behilflich sein, damit Sie beim Blick zurück nicht damit hadern müssen, sich verlaufen oder verirrt zu haben.

Die ersten neun Schlüssel sind wie Sterne, die uns Orientierung geben, wenn wir in dunkler Nacht zum Himmel schauen, oder auch wie ein Leuchtturm, ein sicherer Hafen, wenn wir in raue See geraten. Sie helfen uns

- bei der Selbstregulation
  Schlüssel 1 – Notfallkoffer

Schlüssel 2 – Atmung
Schlüssel 4 – Körper

- bei der Verbindung zu uns selbst und anderen
Schlüssel 5 – Worte
Schlüssel 6 – Verbindung
Schlüssel 7 – Vertrauen
Schlüssel 8 – Zuwendung
Schlüssel 9 – gesehen werden
- und bei der Lebensgestaltung
(vor allem Schlüssel 3 – Rituale – hierzu findet sich in den nächsten Kapiteln noch wesentlich mehr).

Erkenntnis und Verhaltens- änderung

Von herausragender Bedeutung sind für mich zwei banal klingende, aber in der Tat essenzielle Beobachtungen:

- (Selbst-)Erkenntnis allein hilft nicht (genug) – denn, wenn wir weiterkommen wollen, müssen jede Einsicht und jedes Verständnis ganz praktisch werden, also zur Verhaltensänderung führen.
- Verhaltensänderung allein ist nicht nachhaltig (genug) – denn, erst wenn wir erkennen und genau verstehen, wo unser Verhalten herkommt, kann sich auch dauerhaft etwas verändern. Eine wirkliche Veränderung kann nur dann erfolgen, wenn diese beiden Vorgänge Hand in Hand gehen und sich gegenseitig befruchten. Es kommt auf die Mischung an — und das genau ist die Herausforderung.

Wenn man das verstanden hat, geht es richtig los, dann fängt die Arbeit an. Dabei braucht jede*r in Nuancen etwas anderes, dasjenige, das sich der Kategorisierung entzieht, sich nicht richtig greifen lässt und ganz individuell erfasst werden muss.

Zwei klassische Therapieansätze

Bis vor Kurzem waren für antragspflichtige Psychotherapie als Richtlinienverfahren lediglich die tiefenpsychologisch fundierte Psychotherapie/analytische Psychotherapie und die Verhaltenstherapie zugelassen. Seit Juli 2020 ist auch die systemische Therapie zugelassen. Der sogenannte »Schulenstreit«, d. h. die dogmatische, nicht zielführende Frage danach, welche Methode denn nun die beste für die Hilfesuchenden ist, ist aus meiner Sicht als überholt zu betrachten. Im Grunde bemühen sich die meisten Psychotherapeut*innen sehr darum, über ihren eigenen Tellerrand hinauszuschauen und integrativ zu arbeiten. Mittlerweile ist zudem durch wissenschaftliche Untersuchungen bzw. Psychotherapieforschung eindeutig belegt, dass der Therapierichtung nicht so große Bedeutung für den Behandlungserfolg zukommt wie der *therapeutischen Beziehung*, also dem komplexen Zusammenspiel zwischen Therapeut*in und Patient*in, was auch einschließt, dass die vielzitierte ›Chemie‹ stimmen sollte. Insofern lassen sich eindeutige Zuordnungen (Tiefenpsychologie versus Verhaltenstherapie) aus meiner Sicht so gut wie nie eindeutig treffen. Vereinfacht gilt die Grundregel:

> — Die Therapieform kann umso unstrukturierter sein, je strukturierter der Mensch mit seinen Problemen ist. Menschen mit stark ausgeprägten strukturellen (Persönlichkeits-)Problemen benötigen mehr Struktur von außen. —

Der notwendige Blick in die Vergangenheit

Selbsterkenntnis und Verhaltensänderung, Verstehen und Verhalten gehen Hand in Hand; nur die Synthese bringt uns wirklich weiter. Aber wie funktioniert das? Wie gehen wir Psychotherapeut*innen vor? Fangen wir mit den Problemen im Hier und Jetzt an oder müssen wir erst einmal die ganze Lebensgeschichte hören? Wie tief müssen wir da gehen? Und macht es wirklich Sinn, sich nochmal mit dem ganzen ›alten Mist‹ zu beschäftigen, schlimmstenfalls überwunden geglaubten Schmerz noch einmal durchzumachen? Kann man nicht das Alte ruhen lassen und einfach sein Leben leben und nach vorne schauen?

— In der Psychotherapie besteht das Ziel darin, im Hier und Jetzt zurechtzukommen, um das Leben möglichst unbelastet und frei leben zu können. —

Es geht niemals darum, um des Wühlens willen in der Vergangenheit herumzuwühlen. Elementar wichtig ist die zentrale Frage: Inwieweit ragt die Vergangenheit in das Hier und Jetzt hinein?

Genau das ist unsere wichtigste Aufgabe: Auszuloten, inwieweit die in der Vergangenheit, oft schon in der Kindheit, gemachten Erfahrungen und Prägungen, erlebten Gefühle und Muster auch heute noch unser Verhalten bestimmen, auch wenn sie uns gar nicht mehr helfen oder uns sogar im Weg sind. Die Entstehung dieser Prägungen und Muster war folgerichtig und hat zur damaligen Zeit Sinn gemacht bzw. einen Zweck erfüllt. Heute sind diese uns oft im Weg. Vielleicht haben Sie auch schon Folgendes erlebt:

- Eine Ihnen eigentlich unbekannte Person, z. B. eine Verkäuferin, hat Sie richtig sauer gemacht und Sie haben ›rot gesehen‹ und ihr etwas an den Kopf ›geknallt‹, wofür Sie sich hinterher geschämt haben. Sie wissen gar nicht, was mit Ihnen los war: Aber vielleicht hat diese Person Sie unbewusst an jemanden erinnert, der Ihnen früher Leid zugefügt oder Sie verletzt hat, mit dem Sie dies nicht klären konnten?
- Ihr Chef geht morgens an Ihnen vorbei, ohne Sie zu grüßen oder wahrzunehmen, und Sie fühlen sich schlecht, beziehen

es auf sich, stellen sich die Frage, ob Sie aus seiner Gunst gefallen sind oder etwas verkehrt gemacht haben: Vielleicht ist in Ihnen ein alter Schmerz des ›Nicht-gesehen-worden-Seins‹ losgetreten worden? Vielleicht haben Sie sich oft vergeblich darum bemüht, die Aufmerksamkeit Ihrer Mutter, Ihres Vaters auf sich zu ziehen, was Sie verletzt hat und in Ihnen ein Gefühl der Wertlosigkeit wachgerufen hat?

— Ihr Partner, Ihre Partnerin ist unwirsch, weil Sie nicht, wie verabredet, den Rasen gemäht oder auf dem Heimweg noch eben Kaffee besorgt haben, knallt die Türen und redet eine Stunde nicht mehr mit Ihnen, was Sie in unbegreifliche Panik versetzt: Vielleicht hat Ihr Vater, Ihre Mutter bei ›nicht befolgen‹ von Regeln oder dem Begehen von ›Fehlern‹ eine Zeit lang nicht mehr mit Ihnen gesprochen und hierdurch tiefe, existenzielle Ängste in Ihnen ausgelöst?

Es geht darum, sich selbst besser kennen- und verstehen zu lernen. Dies nimmt uns nicht den Schmerz, aber wir können versuchen, den alten Schmerz aus der Gegenwart herauszuschälen und dort zu lassen, wo er hingehört: in die Vergangenheit. Wir können den Schmerz nicht ›wegdrücken‹, aber wir können uns darum bemühen, diesen umzuwandeln, zu transformieren. Dies gelingt umso besser, je stärker wir uns zeitgleich in der Gegenwart verankern und mit der Gegenwart verbinden können.

Es geht also nicht darum, einen Schuldigen zu finden (Eltern, Umstände, Gesellschaft, o.Ä.) und Verantwortung abzugeben, ganz im Gegenteil. Das ›Schuldigsprechen‹ anderer, der Umstände, entmächtigt uns, macht uns ohnmächtig. Erst die hundertprozentige radikale Akzeptanz all dessen, was ist und was war, öffnet das Tor zu dem, was wirklich zählt: dem Moment, der jetzt gerade da ist, dem eigentlichen Leben. Dieses findet immer *jetzt* statt.

Die Tiefenpsychologie kann uns also dabei helfen, uns kennen- und verstehen zu lernen – warum sind wir so (geworden) wie wir sind? Wir verhalten uns auf eine bestimmte Art und Weise und wissen oft nicht warum, kriegen es nicht gepackt? Meine Erfahrung ist, dass fast alle Patient*innen nach dem *Warum* fragen, verstehen wollen, warum sie die geworden sind, die sie sind.

Man kann auch auf dem Standpunkt stehen, dass die Frage nach dem ›Warum‹ nicht wirklich wichtig ist. Es gibt ja ohnehin immer nur Deutungsversuche und nicht *die* Wahrheit – man kann Erklärungen finden, aber einen Absolutheitsanspruch gibt es nicht. Und, sagen viele Kritiker, nur zu verstehen hilft noch nicht dabei, dass es einem besser geht. Ein ›running gag‹ in der Analytiker(-kritischen) Szene lautet: »Ich habe zwar jetzt 300 Stunden Analyse hinter mir und jeden Stein meiner Kindheit hochgehoben, aber besser geht es mir immer noch nicht.« Gelächter – vielleicht berechtigt.

Aus der Selbsterkenntnis folgt die Verhaltensänderung

Schnellprogramme mit Abarbeiten von Checklisten oder eine Verhaltensänderung ohne Durchfühlen und Spüren, dass die Dinge in der Tiefe Heilung erfahren können, mögen zwar punktuell helfen, mit relativ großer Sicherheit wirken solche Maßnahmen in der Regel aber nur kurzfristig.

Ich denke, dass diese beiden Stränge – das Verstehen und Schmerzliches nochmal ans Tageslicht zu holen, um es endgültig ziehen lassen zu können, und dann die Verhaltensänderung – im Idealfall parallel bzw. miteinander verwoben ablaufen und auf diese Weise Hand in Hand gehen und synergistisch wirken. Oft habe ich tiefe Erleichterung verspüren können, wenn die Menschen sich verstanden und selbst erkannt haben.

> —— Selbsterkenntnis und liebevolle Annahme kann Energien freisetzen, die wir im Hier und Jetzt anwenden, gebrauchen und einsetzen können. ——

Das Ziel ist, frei zu werden, sich nicht mehr um sich selbst drehen zu müssen, sich nicht mehr selbst im Weg zu sein.

Heute wissen wir, dass das Gehirn keine Einbahnstraße ist, dass wir bis an unser Lebensende lernen und uns entwickeln können. Die grundlegenden neurowissenschaftlichen Forschungen der letzten 20 Jahre haben uns gezeigt, welche ungeheure Veränderungsmöglichkeiten bestehen. Die neuesten Erkenntnisse zu der Plastizität des Gehirns und zu den Einflüssen der Epigenetik haben bereits ihren Weg in die praktizierte Psychotherapie gefunden.

Die innere Haltung

Mir ist ausgesprochen wichtig zu betonen, dass völlig unabhängig von jeder Therapierichtung die Einnahme einer menschenfreundlichen Haltung und Sichtweise von zentraler Bedeutung ist. Ich bin überzeugt davon, dass man grundsätzlich – abgesehen von schwersten Pathologien – jede Frau und jeden Mann entweder durch eine Brille des Wohlwollens oder aber durch eine pathologisierende Brille betrachten kann.

Selbst uns Psychotherapeutin*innen ist nicht immer bewusst, welche Brille wir uns gerade aufsetzen. Deshalb ist es eine unserer Aufgaben, uns selbst laufend zu reflektieren und kritisch zu hinterfragen. In der bewussten Entscheidung für die wohlwollende Brille kann es besser gelingen, auf die oftmals verborgenen Ressourcen und Kraftquellen des Patienten oder der Patientin zu schauen, die es zu stärken, zu kräftigen und auszubauen gilt. Dies trifft sich mit dem Grundgedanken der »Positiven Psychologie« nach Martin Seligman bzw. der Resilienz- und Glücksforschung, die allerdings keinesfalls mit dem ›positiven Denken‹ verwechselt werden darf. Letzteres blendet unter Missachtung der Gesetzmäßigkeiten des Lebens die sogenannten negativen Dinge einfach aus, die dadurch jedoch verdrängt werden müssen. Sie gelangen ins Unbewusste, wo sie großen Schaden anrichten können.

Diese vermeintlich negativen Dinge oder Gefühle haben jedoch genauso eine Daseinsberechtigung wie die positiven Dinge und Gefühle, ja, mehr noch, beides gehört zusammen. Ohne das eine kann es das andere gar nicht geben. Aus meiner Sicht ist es essenziell, diese Grundtatsache zu akzeptieren und zu lernen, auch mit den negativen Gefühlen umzugehen. Unser Leben ist polar: Wo Licht ist, ist auch Schatten; wo Schatten ist, ist auch Licht. Die Dinge an sich sind nicht gut oder schlecht, sondern werden erst durch unsere Zuschreibung dazu. »Nur die Gegensätze lehren einen die Welt kennen: Wer nicht um das Dunkel weiß, kann das Licht nicht erkennen« (aus Japan).

Jedem einzelnen Menschen auf Augenhöhe zu begegnen, Substanzielles, das zu den Grundbedingungen der menschlichen Existenz gehört, zu vermitteln, bei jedem in seinem Tempo und entsprechend seiner Möglichkeiten und dies auf dem Boden der gewaltfreien Kommunikation, der bewertungsfreien Wahrnehmung, zu tun – das schafft eine gute, vertrauensvolle Grundlage für eine gelingende, gelungene Psychotherapie, die im Idealfall dem Menschen dazu verhilft, seinen Weg im Leben fortan gestärkt, zuversichtlich und versöhnt zu gehen und immer mehr zu sich zu finden.

Dieses ›Sich-auf-Augenhöhe-Begegnen‹ bereitet auch im ›richtigen Leben‹ die Basis für ein Miteinander, das den an diesem Prozess Beteiligten ein Gefühl des Dazugehörens, des Gesehen-Werdens vermittelt.

DAS BILD VOM RADIOSENDER Um zu verdeutlichen, auf welche Art und Weise die Vergangenheit in unsere Gegenwart hineinragt, hilft uns das Bild von einem Radiosender: Wenn wir das Radio anschalten und guten Empfang haben, können wir dem Sender zuhören, der Klang der Radiowellen ist klar und rein, wir lauschen der Stimme, dem Lied und summen mit, gehen im Moment auf. Wenn aber ein Störsender (= die Vergangenheit) den klaren Empfang verhindert, sind wir irritiert und nicht mehr ganz da; wir sind nicht mehr im Fluss.

Wenn wir unserem Lied wieder ungestört zuhören möchten, müssen wir den Störsender zunächst einmal aufspüren. Akzeptanz dafür, dass dieser Störsender überhaupt da ist, ist der erste wichtige Schritt Richtung Veränderung. Was will der Störsender uns sagen? Oft wollen wir das alte Lied gar nicht mehr hören. Wir stellen uns Fragen und klagen an: Muss das denn wirklich sein? Mir ging es doch gerade so gut, ich kann das jetzt wirklich nicht gebrauchen – warum bloß jetzt?

Sie werden verstehen, dass der Störsender sich nicht zufällig und umsonst meldet. Er will Ihnen etwas mitteilen, etwas sagen. Je schneller Sie bereit sind, zuzuhören, desto schneller können Sie wieder ungestört Ihrem Lied im Hier und Jetzt zuhören, Ihr Leben unbeschwert leben. Die Voraussetzung dafür ist Akzeptanz – Annehmen dessen, was ist.

Schlüssel 10 – radikale Akzeptanz

Radikale Akzeptanz heißt ›Ja sagen‹ zur Situation, so wie sie ist. Das ist aus meiner Sicht die wichtigste Voraussetzung für Veränderung. Dies ist mit eines der erstaunlichsten Dinge, die ich im Laufe der Jahre gelernt und erfahren habe: Menschen können aus sehr ähnlichen oder zumindest ähnlich erscheinenden Bedingungen und Umgebungserfahrungen heraus ganz unterschiedliche Schicksale aufweisen und sehr häufig stellt sich dies anders dar, als man annehmen sollte.

Manche Menschen haben in ihrer Kindheit nach objektiven Kriterien die Hölle durchgemacht wie Vernachlässigung, Verwahrlosung, Gewalt oder sogar sexuellen Missbrauch. Dennoch schaffen es einige gut, sich daraus zu befreien. Sie finden für diese Dinge einen Platz, von dem aus diese keine Macht mehr ausüben können. Andere können schreckliche Erlebnisse der Vergangenheit nicht so einfach hinter sich lassen.

> — Es geht darum, das Erlebte hinter uns zu lassen, indem wir diesem einen Platz in der Vergangenheit zuweisen, auf den wir wie durch eine Glasscheibe schauen können, von wo aus es uns aber nicht mehr im Griff, keine Macht mehr über uns hat. —

Dann können wir fortan unsere Aufmerksamkeit und Energie auf das Hier und Jetzt fokussieren und auf die Dinge schauen, die wir jetzt machen können – und auch anders machen können als bisher.

Wenn den Menschen diese Befreiung gelingt, steckt nach meiner Erfahrung dahinter meist die radikale Entscheidung, ›Ja‹ zu allem zu sagen, das ihnen widerfahren ist, also radikale Akzeptanz.

Wege des Wandels

Wie können Menschen einen solch substanziellen Wandel durchmachen? Ich denke, dass es verschiedene Erklärungen dafür gibt. Bisher habe ich Folgendes erfahren:

- Einige hatten in Zeiten der Krise und Not eine Art aus der Verzweiflung geborene Erkenntnis, dass es, wenn man ganz unten ist, eigentlich nur eine Richtung gibt, wenn man sich für das Weiterleben entscheidet: die nach oben. Eine Patientin formulierte es so: »Wenn man mit dem Rücken zur Wand steht, kann es nur eine Richtung geben kann – die nach vorne.«
- Andere hatten einen sogenannten ›Lightning-bolt‹-Moment, eine Art blitzartig auftretende, lebensverändernde Erkenntnis: Sie hatten das Gefühl, eine unumstößliche, wegweisende Wahrheit erkannt zu haben und von einer Erleuchtung überwältigt worden zu sein, die ihnen den Weg aufzeigte. So etwas ist oft mit übersinnlichen Erfahrungen verbunden. So hatte ein ehemaliger Patient, der nach dem Tod seiner Ehefrau an einer schweren Depression litt, lebensmüde Gedanken, als er wie durch ein Wunder einen schweren Autounfall überlebte. Er deutete dies als Zeichen dafür, dass er sein Leben weiterleben solle, er noch einen Auftrag habe. Wahrscheinlich haben auch Sie schon Momente erlebt, in denen sich plötzlich ein Schleier gelichtet hat und Sie klar auf den Grund der Dinge sehen konnten. Vielleicht hatten auch Sie schon einmal das Gefühl, einer tieferen Gesetzmäßigkeit auf die Spur gekommen zu sein.
- Einige Patient*innen hatten in solchen dunklen Momenten schicksalhafte Begegnungen mit anderen, die unerwarteterweise da waren, zuhörten, ihnen eine Brücke zurück ins Leben bauten. Diese Menschen werden dann von den Betroffenen später oft als Engel bezeichnet, was durchaus Sinn macht: Diese Menschen brachten die Botschaft, dass das Leben lebenswert ist und wir nicht allein sind.

Kein Allheilmittel

Radikale Akzeptanz hilft jedoch nicht nur in existenziellen Situationen, sondern letztendlich so gut wie immer, in allen Krisen. Aber: So sinnvoll dies ist, so unglaublich schwer ist es zugleich, dieses Prinzip immer anzuwenden und umzusetzen; im Grunde ist es nicht möglich. Wir können gut nachvollziehen, dass es uns selbst oft in der krisenhaften Situation nicht gelingen kann, das uns Geschehende zu akzeptieren. Zum Beispiel:

- Was macht es denn für einen Sinn, wenn ich mich auf meinen Urlaub freue und kurz vorher so krank werde, dass ich diesen nicht antreten kann?
- Warum geht mein Auto auf dem Weg zum Weihnachtsfest mit der Familie, auf das ich mich so gefreut hatte, kaputt, sodass die Feierlichkeiten zumindest für mich ausfallen?
- Was bringt es denn, wenn ich beruflich extrem viel zu tun habe und dann zu Hause ein Wasserrohrbruch eintritt? Oder auch einfach nur die Waschmaschine kaputt geht?

Eine Erklärung kann ich stets nur von einem anderen Blickwinkel aus finden, aus einer anderen Perspektive. Entscheidend hierfür ist eine positive innere Haltung bzw. die grundlegende Bereitschaft dazu, vermeintlichen Schwierigkeiten und Stolpersteinen etwas Gutes abzugewinnen. Dies beinhaltet die Bereitschaft zur Akzeptanz, auch wenn uns das nicht immer bewusst ist. Meist gibt es hier mehrere Möglichkeiten. Um bei den Beispielen zu bleiben:

- Ich kann mir bewusst machen, dass ich über meine Grenzen gegangen bin. Sonst wäre ich vielleicht nicht so erschöpft gewesen, dass ich anfällig für die Erkältung gewesen wäre. Ich kann mich darüber freuen, dass ich überhaupt in der Lage gewesen wäre, einen Urlaub zu machen. Dies zeigt, dass meine finanzielle Situation mir erlaubt, einen Urlaub zu machen, was vielen gar nicht möglich ist.
- Ich kann mir – analog zu Beispiel 1 – bewusst machen, dass ich immerhin eine Familie habe, mit der ich Weihnachten

feiern kann – so werde ich mich auf das nächste Weihnachtsfest umso mehr freuen, dieses bewusster genießen. Zudem kann ich mir auch wieder bewusst machen, dass ich immerhin ein Auto habe, was auch alles andere als selbstverständlich ist. Ich kann mir bewusst machen, dass meine finanziellen Mittel mir erlauben, das Auto reparieren zu lassen, ohne dass es mich in existenzielle Ängste bringt, was ebenso wenig selbstverständlich ist.

- Ich kann mir bewusst machen, dass ich immerhin einen Beruf habe, der mir viel abverlangt. Ich kann mir bewusst machen, dass ich immerhin ein Haus oder eine Wohnung habe, deren Rohre bersten, dass ich eine Waschmaschine besitze.

Ich habe den Ausdruck ›bewusst machen‹ so häufig wiederholt, weil dieser in gewisser Weise der Schlüssel dazu ist, eine andere Perspektive entwickeln zu können. Im bewussten Annehmen und Akzeptieren kann es uns gelingen, einen anderen Blick auf die Dinge, auf unser Leben einzunehmen. Die ganze Perspektive verschiebt sich. Dies ist eine gute Initialzündung für Veränderung und Entwicklung.

Radikale Akzeptanz bei Schmerzerkrankungen

Auf einer anderen Ebene spielt die radikale Akzeptanz eine wichtige Rolle in der Bewältigung körperlicher Erkrankungen (Wer braucht Psychotherapie, Seite 177). Insbesondere bei Schmerzerkrankungen kann der Krankheitsverlauf grundlegend positiv beeinflusst werden, wenn Akzeptanz erreicht werden kann. So sagt z. B. Alexander, ein Mittdreißiger mit rheumatoider Arthritis, dass der Hader mit der Diagnosestellung und der Verdruss, die Frustration in Zusammenhang mit der Krankheitsbewältigung definitiv zur Verstärkung der Schmerzen beigetragen hatten. Die auch mit dem Herzen verarbeitete Erkenntnis, dass an der Erkrankung an sich nichts zu ändern ist, das Erlernen des sinnvollen Umgangs damit, z. B. durch Durchbrechen des unheilvollen Teufelskreises von Angst, Anspannung und Schmerz, helfen sehr, mit den Schmerzen umgehen zu lernen. Das Gleiche gilt für Menschen, die von Migräne betroffen sind. So sagte z. B. Anna, dass allein der Gedanke ihr helfe, dass sie sich in der Krankheitsphase bzw. bei einer Migräneattacke nicht stressen und unter Druck setzen müsse, sehr helfe. Es klingt banal, ist aber ungeheuer wirkungsvoll.

Long story short

Radikale Akzeptanz, ›Ja sagen‹ zur aktuellen Situation, ist die wichtigste Voraussetzung dafür, dass Dinge sich verändern und weiterentwickeln können. Die Fähigkeit zur Akzeptanz schwieriger Bedingungen und Verhältnisse in der Vergangenheit ist kein Spiegelbild der tatsächlichen Verhältnisse: Einigen gelingt dies trotz widrigster Umstände sehr gut, andere tun sich schwerer.

In existenziellen Krisen und Momenten entsteht Akzeptanz oft aus dem Gefühl heraus, dass es nur noch nach vorne gehen kann. Dies ist oft gekoppelt an blitzartig gewonnene Erkenntnisse und die Entscheidung, trotz allem ›Ja‹ zu sagen und weiterzumachen.

In anderen, weniger bedrohlichen Situationen ist das Aufbringen von Akzeptanz interessanterweise oft schwieriger und gelingt erst im Nachhinein, so auch in der Bewältigung von Erkrankungen. Dann kann sie uns allerdings dazu verhelfen, eine andere Perspektive einzunehmen und mehr Bewusstsein für die guten Dinge in unserem Leben zu entwickeln, mehr Dankbarkeit zu entwickeln und die grundlegende Erkenntnis, dass am Ende nichts im Leben selbstverständlich ist.

Can-do list

Haben Sie auch schon einmal einen ›Lightning-bolt-Moment‹ gehabt, sind vom ›Blitz der Erkenntnis‹ getroffen worden? Oder hatten Sie schon einmal das Gefühl, dass jetzt ›endlich der Groschen gefallen ist‹ oder Sie ›jetzt endlich wissen, wo es langgeht‹? War dieses Gefühl von langer Dauer oder hat es sich als trügerisch erwiesen?

An welchen Punkten in Ihrem Leben waren Sie schon einmal ganz unten? Wie haben Sie sich geholfen, wie sind Sie da herausgekommen?

Haben Sie auch schon einmal etwas erlebt, über das Sie sich geärgert haben und das Ihnen im Nachhinein zu einer Erkenntnis verholfen hat? Können Sie Sich vorstellen, dass diese Sichtweise Ihnen helfen kann, anders auf Ihr Leben zu schauen? Der Weg dahin, dies wirklich auf unser Leben anwenden zu können, kann sich sehr weit anfühlen. Wie können wir weitermachen, wie kann es uns gelingen, im Hier und Jetzt zurechtzukommen?

Schlüssel 11 – Achtsamkeit

Im jetzigen Moment ganz da sein, präsent sein. Eine der wichtigsten, wenn nicht die zentrale Voraussetzung dafür ist das achtsame ›Sich-selbst-Zuzuwenden‹, was z. B. durch regelmäßige Meditation und Achtsamkeitsübungen erreicht werden kann (siehe Schlüssel 6: Geborgenheit durch Verbindung, Seite 30).

Ich habe selbst lange gebraucht, bis ich das wirklich verstanden habe. Überzeugt hat mich schließlich, als mir eine Kollegin sagte, dass es

»schlichtweg niemanden gebe, dem Meditation schaden könne«. Auch wenn dies streng genommen nicht ganz stimmt, so gilt es doch sicherlich für die meisten Menschen – auch für diejenigen, die in einer psychotherapeutischen Praxis behandelt werden. Lediglich für sehr schwer Traumatisierte oder Menschen mit schweren Angsterkrankungen kann Meditieren zunächst eine nachvollziehbare Überforderung darstellen.

> — »Immer ist die wichtigste Stunde die gegenwärtige.« —
>
> Meister Eckhart (Eckhart von Hochheim)

›Ganz im Moment, ganz da sein‹ bedeutet, dass wir ganz präsent sind, ganz in der Gegenwart. In gewisser Weise gibt es ohnehin immer nur den Augenblick: Das Morgen wird aus dem Heute gemacht und das Gestern ist eine Illusion.

Das ›Sich-in-der-Gegenwart-Verankern‹, das ›Ganz-da-Sein‹ – wir sagen auch im ›flow‹ sein – hilft uns dabei, mit dem Unveränderlichen abzuschließen. Je mehr wir ganz im Hier und Jetzt sind, desto weniger Macht hat die Vergangenheit über uns. Wir können uns das vorstellen wie eine Wippe: Wiegt die Vergangenheit sehr schwer, ist die Wippe nicht in Balance; wir hängen buchstäblich in der Luft. Je besser wir uns in der Gegenwart erden, desto mehr Gewicht gewinnen wir, sodass wir wieder im Gleichgewicht sind.

Die Gewichtung von Vergangenheit und Gegenwart gehört also untrennbar zusammen, beides ist voneinander abhängig. Das bedeutet zugleich, dass die Beurteilung der Vergangenheit an der Güte der Gegenwart hängt. Je besser diese Bewältigung der Gegenwart gelingt, desto weniger machtvoll und düster erscheint die Vergangenheit. Geht es uns in unserer aktuellen Lebenssituation nicht gut, erscheint uns die Vergangenheit doppelt dunkel, bedrohlich und ungerecht. Wenn es uns aber gut geht, hat die Vergangenheit kaum noch Macht über uns. Wir können diese akzeptieren und mit ihr unseren Frieden machen. Man kann sogar so weit gehen, die Vergangenheit als ein potenziell schwankendes Trugbild oder sogar als Illusion zu betrachten. Sie ist praktisch wie ein Chamäleon; sie verändert sich in Abhängigkeit davon, wie es uns heute geht.

Das ›Sich-auf-die-Gegenwart-Fokussieren‹ beinhaltet zugleich, dass wir unsere Gedanken geordnet haben und demzufolge nicht im Gedankenkreisen untergehen. Das Erlernen von Techniken (siehe Schlüssel 1: Notfallkoffer für die Sinne [Seite 13], Schlüssel 2: Mich durch Atmung beruhigen, Seite 16) und das Hören auf unseren Körper sowie das Einüben von Ritualen (Schlüssel 3: Kleine Rituale, große Wirkung [Seite 21], Schlüssel 4: Auf den Körper hören, Seite 23) können uns auf eine ganz ursprüngliche, körpernahe Art und Weise dabei helfen, in der Gegenwart anzukommen. Hand in Hand damit geht der bewusste akzeptierende Umgang mit all dem, was sich uns auf unserem Weg zeigt.

— Wir alle ver-(sch-)wenden viel Energie darauf, uns in Grübeleien um die Vergangenheit zu verlieren, und – vielleicht genauso schlimm – in Sorgen um die Zukunft, nicht berücksichtigend, dass die Zukunft aus dem Heute gemacht wird. —

Die andere Seite der Medaille ist die Zukunft. Diese wird aus dem Heute gemacht – das Beste, das wir heute tun, ist zugleich das Beste für unsere Zukunft!

Betrachtungen zur Partnerschaft

Ich möchte dies an einem Beispiel erläutern: Partnerschaft ist in der Therapie ein häufig vorkommendes Thema: Ist man nach einer Trennung in der neuen Partnerschaft glücklich und zufrieden, so kommt man gut zurecht, verdrängt vielleicht etwaige Schuldgefühle und legt sich die Dinge so zurecht, wie sie passen.

Stimmt jedoch in der neuen Partnerschaft etwas nicht, erscheint die Vergangenheit auf einmal viel rosiger und erstrebenswerter, als sie es vielleicht jemals gewesen ist – sie wird verklärt. Wir werden von Sehnsucht übermannt, sehnen uns nach dem Alten, vermeintlich Schöneren,

Vertrauten zurück – und realisieren nicht, dass das eine Illusion ist. Wir unterliegen einem Trugbild, um uns von den realen Problemen in der Gegenwart abzulenken. Diesen müssten wir eigentlich unsere ungeteilte Aufmerksamkeit schenken, um wirklich weiterzukommen. Wir scheinen in diesen Momenten regelrecht zu vergessen, aus welchen Gründen es zu der Trennung gekommen ist.

Natürlich gibt es handfeste Gründe, die auch bei objektiver Betrachtung eine Trennung alternativlos erscheinen lassen, vor allem Gewalt, Demütigung oder andere unzumutbare Umstände. In vielen Fällen ist es jedoch so, dass wir in unseren dann hinter uns gelassenen Partnerschaften an einen Punkt gekommen sind (bzw. uns selbst dahin gebracht haben), den wir nicht mehr ausgehalten haben. Die kaum zu ertragende Wahrheit ist die, dass wir mit uns selbst konfrontiert wurden, mit unseren eigenen inneren Dämonen. Jetzt, in der Gegenwart, haben wir die Chance zu verstehen, dass wir diesen damals ausgewichen sind, indem wir unsere Unzufriedenheit, Anspannung und Bedürftigkeit auf den Partner projiziert haben. Und so heißt es dann, sich endlich wenigstens jetzt seiner Selbst zu erbarmen, in die eigenen inneren Abgründe, Unzulänglichkeitsgefühle, Selbstwertprobleme, Unsicherheiten einzutauchen und sich dieser anzunehmen, um diese zu transformieren und fortan freier leben zu können.

> —— Somit verhilft uns der Weg über die Gegenwart zum Weg zu uns selbst. ——

Wenn wir unsere Energie auf die Gegenwart fokussieren, verändert sich das ganze Bild, alles fügt sich wieder, ordnet sich neu. Dann verstehen wir, um was es eigentlich geht, nämlich um die Beziehung zu uns selbst, dem Finden von Frieden in unserem Inneren, Akzeptanz des Unveränderlichen, Ausrichtung und Fokussierung auf das Hier und Jetzt, dem einzig Realen, Wirklichen.

Long story short

Wenn wir uns aufmerksam auf die Gegenwart einlassen können, verschiebt sich der Fokus auf das reale und wahrhaftige Leben heute, die Vergangenheit verliert an Bedeutung.

Geben wir der Vergangenheit zu viel Macht, entgleitet uns unser Leben. Dies ist meist untrennbar damit verbunden, dass wir nicht loslassen können, nicht akzeptieren können, was geschehen ist.

Die Zukunft wird aus dem Heute gemacht. Je aufmerksamer und achtsamer wir im Hier und Jetzt leben, desto besser sind die Chancen auf ein gutes Morgen, soweit dies in unserer Macht steht.

Can-do list

Was können Sie tun, um ihre Aufmerksamkeit mit Freude auf die Gegenwart zu richten? Haben Sie schon einmal Techniken angewandt, etwa eine Achtsamkeitsmeditation?

Gehen Sie in sich und überlegen, wann Sie das letzte Mal im »flow« waren, ganz im Einklang mit sich. Was haben Sie gemacht? Können Sie das abrufen oder wiederholen?

Richten Sie dann Ihre Aufmerksamkeit auf Ihren Körper – wo spüren Sie die innere Ruhe, Ihre Kraft? Wie können Sie diese verstärken? Wenn uns die Umsetzung dieser Erkenntnisse, diese in unser Leben einzubauen, gelingen kann, sind wir einen großen Schritt in Richtung Selbstfürsorge gegangen.

Schlüssel 12 – Selbstfürsorge und Eigensinn

Selbstfürsorge fängt im Grunde damit an, dass wir einen Sinn für uns selbst, unser Eigenes entwickeln. Einen *Sinn* für das Eigene zu entwickeln bedeutet, sich selbst und seine Bedürfnisse zu kennen, sich gut um sich selbst zu kümmern und für sich selbst Verantwortung zu übernehmen zu können. Der von mir sehr geschätzte Psychologe Dr. Jürgen Stepien umschreibt dies mit der Begrifflichkeit ›Schöpfer statt Opfer‹. Wir können in dem Moment zum Schöpfer unseres Schicksals und Lebens werden, in dem wir volle Verantwortung für uns, unsere Gedanken, Gefühle und Handlungsweisen übernehmen und aufhören, wen oder was auch immer anzuklagen. Erst dann ermächtigen wir uns und sind kein Opfer mehr, sind nicht mehr ohnmächtig. Hierbei geht es nicht um ein egozentrisches ›Um-sich-selbst-Kreisen‹ oder ein egoistisches ›Zuerst-ich-dann-die-anderen‹, sondern darum, in uns selbst Ruhe und Klarheit zu schaffen, damit wir diese auch nach außen tragen können. Unsere Befindlichkeit ist mit der der Menschen um uns herum verbunden – wenn es uns selbst gut geht, geht es den Menschen um uns herum in der Regel auch gut.

Aus meiner Erfahrung

Ich habe das unzählige Male erlebt, sowohl in meinem persönlichen Leben als auch meinem Berufsleben. Die Tätigkeit in meiner Praxis ist das allerbeste Beispiel dafür. Wenn es mir nicht gut geht, ich übermüdet bin, Kopfschmerzen habe oder schlechte Laune (Letzteres kommt Gott sei Dank nur sehr selten vor, die Kopfschmerzen schon etwas häufiger), dann wirkt sich das unmittelbar auf meine Tätigkeit aus: Ich bin nicht hundertprozentig bei meinem Gegenüber, wie derjenige es braucht und verdient. Die Menschen in meiner Praxis haben direkt etwas davon, wenn es mir so gut geht wie irgend möglich. Dann bin ich ganz da, präsent, zugewandt. Ich kann inspirieren, als gutes Beispiel vorangehen, Neues und noch klarer Wege aufzeigen.

Das eigentlich Faszinierende ist also, dass ein ›gesunder Eigensinn‹ nicht nur uns selbst, sondern genau auch den Menschen um uns herum zugutekommt. Einen Sinn für das Eigene zu entwickeln, beinhaltet eben auch, dass wir für uns Verantwortung übernehmen, womit wir zugleich andere davon befreien, sich für uns verantwortlich zu fühlen.

Wenn wir uns gut um uns selbst kümmern, können wir auch besser für andere da sein; wenn wir für uns Verantwortung übernehmen, fühlen sich die Menschen um uns herum frei. So geht es allen besser.

Das ist ein echter Segen: Die Menschen um uns herum werden frei und haben nicht das Gefühl, dass sie uns etwas schuldig sind.

DAS BILD VOM BRUNNEN Der Brunnen: Wir können uns vorstellen, dass wir in einem Brunnen stehen, dessen Quelle unablässig sprudelt. Wir werden gut genährt und gewässert, solange wir selbst die Quelle rein halten, sie von allem Unrat befreien, dafür sorgen, dass nichts sie verstopfen, ihren Fluss unterbrechen kann. Solange wir das tun, wird immer genügend Wasser da sein, das auch für die anderen da ist – die Quelle sprudelt ja. Wir halten die Quelle rein, sorgen damit für uns selbst und auch dafür, dass ständig Wasser überläuft, das all die anderen auch versorgen kann. Kümmern wir uns nicht mehr genug um die Quelle, die ja erst einmal uns selbst versorgt, und lassen zu, dass diese verstopft, sitzen wir irgendwann auf dem Trocknen und die Menschen um uns herum auch. Zunächst jedoch, in der Übergangsphase, schöpfen wir das restliche Wasser zusammen, um es noch nach draußen zu geben – es ist aber nur eine Frage der Zeit, bis es sich erschöpft, und dann sitzen alle auf dem Trocknen. Dann können wir auch niemand anderem mehr helfen.

Aus meiner Erfahrung

In meinem Leben hatte ich das große Glück, die Erlaubnis zum Eigensinnig-Sein schon in meiner Kindheit vermittelt zu bekommen. Ich wurde regelrecht zum Eigensinn ermutigt, insbesondere von meinem Vater. Dies war einer der wichtigsten Bausteine meiner persönlichen Entwicklung und ich werde immer dankbar dafür sein. Meine geliebte Oma, die ein Kind ihrer Zeit war, pflegte auf mein »Ich will …« zu erwidern: »Birgit, das heißt ›Ich möchte‹, der Herr Will wohnt im Keller.« Darauf entgegnete mein Vater (ihr Sohn): »Wenn die Birgit etwas will, darf sie es ruhig sagen.«

Dass das alles andere als selbstverständlich war, habe ich erst in den letzten Jahren so richtig verstanden. In meiner Praxis komme ich jeden Tag damit in Berührung, dass vor allem viele Frauen große Schwierigkeiten damit haben, sich zu positionieren, zu behaupten und ihre Bedürfnisse zu äußern. Es steckt tief in uns drin, dass man sich erst einmal an den Bedürfnissen der anderen, insbesondere der Kinder und der Eltern, ausrichten muss, sodass man sich selbst, das Eigene, darüber vergisst bzw. dieses gar nicht erst entdeckt. Niemand hat Schuld an diesem Umstand, doch wenn wir erkennen, dass es so ist, können wir etwas daran ändern.

Trotz der Ermutigung und der günstigen Prägung im Elternhaus bin allerdings auch ich immer wieder ins Straucheln geraten und ab und zu auch richtig auf die Nase gefallen. Während meiner Vollzeittätigkeit in der Psychiatrie, inkl. 24-Stunden-Diensten mit zwei halbwüchsigen Töchtern und einem ebenfalls voll arbeitenden Ehemann, wuchs mir eine Zeit lang alles über den Kopf. Rückblickend weiß ich nicht mehr, wie ich das alles geschafft habe, und ich glaube, wir alle haben darunter gelitten. Ich war so sehr im ›Alles-muss-irgendwie-gehen‹ und ›Ich-muss-funktionieren‹, dass ich im Begriff war, mich selbst aus den Augen zu verlieren.

Der Impuls zur Veränderung zum Positiven wurde durch meine damalige Therapeutin gesetzt, die mir verordnete, nach Rückkehr aus dem Krankenhaus erst einmal eine Kaffeepause einzulegen, ehe ich mit dem Kochen oder sonstigen häuslichen To-dos weitermachte. Ich hatte regelrecht Angst vor diesem Schritt, da ich dermaßen im Turbo-Modus unterwegs war, dass mir die Befolgung dieser Anregung kaum möglich schien. Zum Glück erfasste ich intuitiv die Bedeutung dessen und zwang mich regelrecht zur Umsetzung, was der erste wichtige Schritt in Richtung Entschleunigung war. Am ersten Tag war es mir kaum möglich, am zweiten ging es schon besser und schließlich wurde es immer leichter, bis es mir zur Gewohnheit geworden war.

Ich bin mir ziemlich sicher, dass meine Töchter diesen für mich so wichtigen Schritt gar nicht so erlebt, geschweige denn abgespeichert haben – es ging bei uns immer ein wenig chaotisch zu, es war zu wenig Zeit, (fast) immer. Und ich wurde dadurch bestimmt nicht zu einem viel entspannteren ausgeglicheneren Menschen. Aber es war ein persönliches Mini-Erwachen. Wenn ich mich entspanne und auftanke, bin ich ruhiger und gelassener und vor allem wirklich ›da‹.

Selbstfürsorge durch Entschleunigung

Mir ist bewusst, dass es für viele noch schwerer ist als es sich anhört. Manchmal scheint es kaum möglich, Veränderungen vorzunehmen, der alltägliche ›Wahnsinn‹ hat uns fest im Griff. Allerdings laufen wir auf Dauer wirklich Gefahr, uns selbst zu verlieren. Dann können wir zumindest versuchen, kleinste Veränderungen einzuführen und Inselchen der Entschleunigung zu schaffen.

Aus meiner Erfahrung

Manchmal erfordern besondere Umstände allerdings besondere Maßnahmen, und wir können, das finde ich zumindest, auch mal über unsere Grenzen gehen und uns verausgaben. So erinnere ich mich an die Zeit, in der mein Vater im Jahr vor seinem Tod im Krankenhaus lag, das knapp 20 Minuten von meiner Praxis entfernt war. Über mehrere Wochen fuhr ich zwei- bis dreimal die Woche nach der Praxis wenigstens mal für ein Stündchen dorthin. Diese Phase war anstrengend, aber ich freute mich, ihn zu sehen. Zudem war mir bewusst, dass er nicht mehr lange leben würde. Die ganze Familie kümmerte sich, jeder so, wie er konnte. Wenn ich richtig müde war, unbedingt mal laufen gehen wollte oder eine Verabredung hatte, fuhr ich auch mal nicht hin.

Auch in solchen Situationen ist es essenziell, abzuwägen und Prioritäten zu setzen. Wichtig ist, dass wir mit uns selbst in Kontakt sind und der Kanal nach innen offen ist.

Eigensinn ohne Angst

Eigensinn, den Sinn für das Eigene zu entwickeln, den eigenen Weg zu gehen bedeutet zugleich auch immer, dass wir die Angst vor dem Ausgestoßenwerden, also der Isolation, dem ›Aus-der-Verbindung-Fallen‹ und der Angst vor dem ›Als-schlechter-Mensch-angesehen-Werden‹ und vor der Scham, im Gepäck haben, wie Dr. Jürgen Stepien sehr gut ausführt.

Für die Angst vor dem Ausgestoßenwerden kann man sich an die Pestkranken vor den Mauern der Stadt im Mittelalter erinnern, die keinen Zugang zu ihrer Gemeinschaft hatten und ausgestoßen worden waren. Sie spürten eine tiefsitzende Scham. Als Beispiel für die Angst, als schlechter Mensch angesehen zu werden, erinnern Sie sich an die berühmte Ehebrecherin aus der Bibel, die gesteinigt werden sollte. Auch sie schämte sich vermutlich und fühlte sich schuldig. Wir erinnern uns, dass Jesus hier seine berühmten Worte sprach: »Wer frei von Sünde ist, der werfe den ersten Stein.«

Es bleibt also eine echte Herausforderung, den eigensinnigen Weg zu gehen, weil wir anders konditioniert und geprägt sind und weil wir die Angst immer mit im Gepäck haben.

Der Schlüssel zur Umsetzung liegt darin, sich die Sinnhaftigkeit dieses Vorgangs klarzumachen und sich bewusst für diesen Weg zu entscheiden.

Dieser beinhaltet eine große, potenziell lebensverändernde Chance und führt uns im Idealfall zur Selbstermächtigung, zu unserer eigenen Macht und Stärke, zur Verbindung mit unseren Kraftquellen im Innen und Außen.

Mir ist bewusst, dass ich mich hier auf dünnem Eis bewege. Ich befinde mich auf einer psychologischen Ebene und lasse damit zunächst gesellschaftliche und politische Bedingungen und Gegebenheiten außer

Acht. Ich weiß, dass es vielfältige strukturelle Ungerechtigkeiten und prekäre Machtverhältnisse gibt. Auch ist mir klar, dass es auch jenseits davon natürlich Menschen gibt, die durch konkrete Handlungen anderer tatsächlich zum Opfer werden (Missbrauch, Gewalt, Übergriffigkeit, Vernachlässigung, Verwahrlosung). Hier ist ein ganz anderes Vorgehen angesagt, müssen die Dinge beim Namen genannt werden und Konsequenzen daraus erfolgen. Selbstverständlich habe ich nicht den Wunsch, diese Dinge schönzureden oder zuzukleistern und totzuschweigen. Wirkliche Opfer benötigen substanzielle umfangreiche Unterstützung auf vielen verschiedenen Ebenen. In diesen Fällen ist es notwendig, anzuklagen, die Dinge beim Namen zu nennen.

Dennoch habe in meiner Praxis viele hoffnungsvolle Geschichten erlebt, die mir gezeigt haben, dass es möglich ist, sich vom Fluch der Vergangenheit zu lösen und Wege aus dem Elend zu finden. Diese positiven Veränderungen gingen praktisch immer über obigen Weg, dem Bewusstwerden der eigenen Stärke, und höchst selten über äußere Veränderungen, wie z. B. dem Gewinnen eines Gerichtsprozesses.

Long story short

Selbstfürsorge und Eigensinn sind eng miteinander verknüpft. Eigensinn bedeutet, einen Sinn für das Eigene zu entwickeln und mündet idealerweise in Selbstermächtigung und Übernahme von Selbstverantwortung.

Eigensinn und Übernahme von Selbstverantwortung machen Sinn und helfen nicht nur uns selbst, sondern auch den Menschen um uns herum. Erstens bekommen sie unser Bestes zu sehen, zweitens werden sie frei, weil sie sich nicht mehr verpflichtet fühlen, für unser Glück zu sorgen.

Den eigensinnigen Weg zu gehen, erfordert dennoch Mut. Wir haben die Angst stets mit im Gepäck, ausgestoßen zu werden oder auch als schlechte Menschen angesehen zu werden.

Can-do list

Wie wurde das Thema Eigensinn in Ihrer Erziehung gehandhabt? Welche Erfahrungen haben Sie damit gemacht und wie hat Sie das geprägt?

In welchen Bereichen Ihres Lebens wäre es sinnvoll, mehr Eigensinn zu entwickeln? Können Sie sich vorstellen, das anzugehen? Welche Befürchtungen haben Sie bei dem Gedanken daran?

In welchen Punkten haben Sie andere Menschen in ihrer Eigensinnigkeit unterstützt? Mit welchem Ergebnis? Ist Ihnen das schwergefallen? Wenn wir den Sinn für unser Eigenes entwickeln, ist eine wichtige Voraussetzung dafür geschaffen, dass wir uns selbst und unser Leben neu ordnen und Klarheit gewinnen.

Schlüssel 13 – Prioritäten setzen

Der Weg nach innen, die Selbsterkenntnis, hilft dabei, die Impulsgeber in unserem Inneren zu erkennen und uns darüber bewusst zu werden, was unsere Prioritäten sind. Diese Priorisierung, das Ordnen der uns wichtigen Dinge, das Schaffen von Klarheit hilft uns. Wir können uns folgende Fragen stellen: Was steht an erster Stelle? Was ist die stärkste Triebfeder unseres Handelns?

Dieser Prozess findet auf mehreren Ebenen statt. Es kann unser Leben tatsächlich verändern, Klarheit über unsere großen Ziele im Leben zu erlangen. Oft ist es aber so, dass wir schon in unserem Alltag über Kleinigkeiten und Ärgernisse stolpern, deren Bedeutung uns gar nicht bewusst ist.

Hier ist ein sinnvoller Weg, sich an diesen Alltagsdingen entlangzuhangeln, um uns selbst auf die Spur zu kommen. Wir können uns Fragen stellen und anfangen, uns selbst zu reflektieren.

- Was ist mit mir los und warum?
- Warum regt mich dies so wahnsinnig auf?
- Woran oder an wen erinnert mich das, was sich da gerade in mir abspielt?
- Welche Knöpfe werden bei mir gedrückt?
- Warum verliere ich so oft die Kontrolle, raste so oft aus?
- Warum gebe ich die Macht über mich selbst aus der Hand?
- Warum bringt mich eine unfreundliche Verkäuferin so aus der Fassung, dass ich richtig schlechte Laune habe?
- Wie kann es sein, dass mir ein Fremder meine Stimmung und Laune verderben kann?

Wenn wir in uns selbst nicht klar sind, wird uns das von außen gespiegelt und wir erhalten damit die Gelegenheit, unsere fehlende Klarheit, unsere Ambivalenz ins Außen zu verlagern. Wir können uns dann über unser quengeliges Kind, die gaffenden Miteinkäufer, das ungeduldige Personal oder die blöden Kollegen ärgern. Zwar sind all diese Dinge real, dennoch liegt es an uns, wie wir darauf reagieren. Unser Gegenüber kann nicht wissen, was sein Verhalten in uns auslöst, welcher Film in uns gerade abläuft. Wir müssen uns bewusst machen, dass der Ursprung unseres Problems gleichsam in uns liegt. Wir reagieren auf dem Boden unserer Erfahrungen und Gefühle, über die der andere nicht Bescheid weiß.

So können wir uns bewusst machen, welche Dinge uns immer noch beschäftigen, uns nicht loslassen und festhalten. Unser System ist in Aufruhr, in Unordnung. Wie können wir Ordnung schaffen, uns ordnen?

Lernen Sie, aufzuräumen

Ich bin großer Fan der mittlerweile in den USA lebenden japanischen Autorin Marie Kondo, die in ihrem Weltbestseller »Magic Cleaning« eine sehr effektive Art und Weise des Aufräumens und Entrümpelns beschreibt, das jedoch mitnichten eine reine Aufräummethode ist, sondern im Idealfall einen tiefgreifenden Transformationsprozess anstoßen kann. Sie beschreibt in ihrem Buch, dass die Anwendung ihrer Methode vielen Menschen quasi nebenbei als Dreingabe erstaunliche Auswirkungen auf ihr ganzes Leben ermöglicht hat: Frauen (meistens sind es Frauen) entrümpeln ihr Haus und entscheiden sich im Zuge dessen, ihre bisherigen Jobs zu kündigen und sich selbstständig zu machen. Manche Frauen verlieren ein paar Pfunde, einfach so, als würde sich jetzt unmittelbar an ihrem Inneren zeigen, dass sie sich von Ballast befreit haben.

Kürzlich habe ich einen Bericht über ein Gespräch zwischen Marie Kondo und der Autorin Elizabeth Gilbert gelesen. Letztere berichtete, dass sie das Aufräumen ihres Dachbodens lange vor sich hergeschoben hatte, zumal sich dort auch einige tote Vögel befanden. Sie nahm schließlich all ihren Mut zusammen und ging es mit der Hilfe einiger Freundinnen an – und fand nach dem Prozess binnen kürzester Zeit den Mut, eine substanzielle, lebensverändernde Entscheidung zu treffen. Ist das nicht interessant?

> —— Wir können uns vornehmen, unser ›inneres Haus aufzuräumen‹ und dies angehen. Was brauchen wir dafür, welche Art von Rüstzeug? Wollen wir das allein angehen oder mit Hilfe? ——

Stellen Sie sich vor, Sie sitzen in Ihrem schönen Wohnzimmer und von unten, aus dem Keller, steigt ein Geruch nach oben, der unangenehm ist, auf- und eindringlicher und sogar beißend wird? Irgendwann wird Ihnen nichts anderes übrigbleiben, als in den Keller hinabzusteigen, vielleicht sogar in Schutzmontur, ausgestattet mit Müllbeuteln und Entsorgungsbehältnissen, Putz- und Reinigungsmitteln etc., um Ordnung zu schaffen, zu entsorgen, zu entrümpeln und aufzuräumen. – Und dann, wenn alles entsorgt ist, diesen Keller auch anders zu reinigen, z. B. durch ein Räucherritual.

Wenn das geschehen ist, können Sie die Wände neu streichen und neue Regale aufstellen. Sie können sich überlegen, was Sie überhaupt noch in Ihrem Keller aufbewahren wollen. Im Idealfall wissen Sie zum Schluss, was genau wo steht und müssen keine Energie mehr dafür aufwenden, Dinge zu verstecken und verborgen zu halten. Analog können Sie das auch mit Ihrem Dachboden oder Ihrer Garage durchführen.

Fragen Sie sich, welche ›Leichen‹ Sie im Keller haben – wir alle haben welche! Sie verschwinden nicht von selbst – wir sind irgendwann gefragt, uns ihrer anzunehmen. Wenn wir das nicht tun, jagen sie uns gewissermaßen. In der Gestalttherapie redet man von einer ›unerledigten Gestalt‹. Dies gilt im Hinblick auf Vergangenes und auf Aktuelles.

Aus meiner Erfahrung

Zu dem Vergangenen kann ich aus meinem Leben ein paar unrühmliche Erlebnisse anführen, Dinge, an die ich mich immer wieder zurückerinnern ›muss‹, da ich sie damals einfach nicht erledigt habe, weil ich zu träge, zu faul, zu feige oder einfach nachlässig war: So habe ich einer damaligen Mitschülerin eine Jacke, die sie nicht mehr brauchte, abgekauft, aber ihr aus irgendeinem Grund, entgegen meinem sonstigen Naturell, nie das Geld dafür gegeben. Es waren 20,– DM, ich erinnere mich noch genau. Ich weiß auch schlichtweg nicht mehr, warum ich ihr das Geld nie gegeben habe – irgendwann haben wir die Schule verlassen und ich habe zu ihr den Kontakt verloren, und so schulde ich ihr bis heute das Geld. Ich bin mir relativ sicher, dass sie das vergessen hat und dies für sie nicht wirklich Konsequenzen hatte und dass diese Aktion mich nicht zu einem schlechten Menschen gemacht hat. Der Punkt ist jedoch, dass sich dieses Ereignis bis heute immer den Weg in meine Gehirnzellen sucht. Und solche Dinge nehmen Speicherplatz in Beschlag, den wir sinnvoller nutzen könnten! Es macht Sinn, die Dinge zu erledigen, damit wir sie aus unserem System entfernen können.

Ein anderes Beispiel aus meiner jüngeren Vergangenheit: An einer meiner Arbeitsstellen im Krankenhaus hatte ich mich nicht durchsetzen können und aus verschiedenen Gründen lediglich zwei Wochen Urlaub in den Sommerferien genehmigt bekommen, obwohl ich Vollzeitkraft war und zudem zwei schulpflichtige Töchter hatte. Ich war wütend auf meine Vorgesetzten und eine Kollegin, aber vor allen Dingen auf mich selbst, weil ich den Urlaub dringend brauchte und mich nicht hatte durchsetzen können, was zudem mein Ego ziemlich angekratzt hatte. Im Urlaub merkte ich dann, wie erschöpft ich war und regelte die Verlängerung meines Urlaubs um eine Woche, aber nicht über den für mich zuständigen Oberarzt, sondern eine Kollegin, die das für mich klärte. Nach meiner Rückkehr an den Arbeitsplatz wurde nie wieder ein Wort darüber verloren. Meine Vorgesetzten schwiegen wahrscheinlich, weil ihnen wohl bewusst war, dass ihre vorherige Entscheidung nicht richtig gewesen war. Ich selbst schwieg aus Befangenheit, Schamgefühl und wohl auch Angst.

Diese Episode hat Symbolcharakter:

Alles kommt zurück, solange wir es nicht erledigt und es auf eine Art und Weise geklärt haben, die unseren eigenen Ansprüchen und Maßstäben gerecht wird und zu uns passt.

> — Wenn wir unsere Vergangenheit (unser ›inneres Haus‹) aufräumen und Unerledigtes aus unserem System entfernen, können wir unsere Energie wieder auf die Gegenwart ausrichten und sind frei. —

Immer dann, wenn wir zu ängstlich sind, etwas anzugehen, zu erledigen oder zu klären, wird es uns immer wieder einholen, wahrscheinlich bis an unser Lebensende. Und dies wird uns, vielleicht ein bisschen überspitzt ausgedrückt, Energie und Lebenskraft kosten. Es scheint banal, aber diese Dinge summieren sich und nehmen unter Umständen viel mehr Raum in unserem Leben ein, als uns bewusst ist.

Der Weg zum inneren Frieden

Ebenso – und auf bestimmte Art und Weise viel wichtiger – ist es, ungelöste oder zwischenmenschliche Situationen und Konflikte zu klären. Aber viele Dinge, die sich über Jahre oder gar Jahrzehnte angesammelt haben, lassen sich nicht einfach mal eben klären und erledigen.

Wie wichtig ist es jedoch, unser ›Beziehungshaus‹ aufzuräumen, Zwischenmenschliches zu klären? Ist es nicht sogar das Wichtigste überhaupt? Mit wem haben wir noch Dinge offen? Wem gegenüber haben wir Wichtiges nicht ausgesprochen? Haben wir anderen Kränkungen und Verletzungen zugefügt oder auch solche erhalten? Mit wem haben wir unseren Frieden noch nicht gemacht? Wo sind wir mit anderen Menschen (noch) auf eine ungute Art und Weise verstrickt? Diese Fragen können uns jagen wie Gespenster.

Ich bin zutiefst überzeugt davon, dass es ein ganz wichtiger Schritt zum inneren Frieden ist, diese zwischenmenschlichen Dinge anzugehen und zu klären. Auch bin ich überzeugt davon, dass das Nicht-Klären und Nicht-Aussprechen unfrei macht – und im schlimmsten, sehr tragischen Fall Menschen sogar daran hindern kann, ihren ewigen Frieden zu finden. Unausgesprochenes, Ungeklärtes kann ganz tief auf der Seele lasten, auf quälende Art und Weise. Menschen, die trotz schwerer und schwerster Krankheit nicht sterben können, gehen den letzten Weg vielleicht auch deshalb nicht, weil sie Ungelöstes nicht ausgesprochen haben. Im tiefsten Inneren spüren sie die Notwendigkeit der Klärung, finden aber schlichtweg keinen Weg dorthin.

Jede und jeder kann davon profitieren, ihre/seine Beziehungen aufzuräumen. Hierzu gibt es verschiedene Wege. Wir können andere Menschen um ein Gespräch bitten und ihnen sagen, dass es uns leidtut, dass wir sie verletzt haben. Wir können Briefe schreiben und das Gleiche tun. Wichtig ist, dass wir einen Weg finden, der zu uns passt, der unser Weg ist. Verzeihen, vergeben, annehmen macht frei – wir können uns wieder anderem zuwenden, unbeschwerter sein – und stolz darauf sein, dass wir es geschafft haben.

Den Überblick behalten

Das alles ist leichter gesagt als getan – ein unglaublich anspruchsvolles Unterfangen, in diesen Zeiten sein Leben gut zu leben. Wir werden aus so vielen Bereichen mit Einflüssen und Impulsen versorgt und sind so vielen Versuchungen ausgesetzt. Schnell verliert man den Überblick.

Das ›Ordnung-Schaffen‹ ist ein großer Schritt nach vorne: es hilft uns dabei, klarer zu sehen und vor allem, unsere Prioritäten zu setzen. Hier ist es sinnvoll, sich folgende Fragen zu stellen:

- Was ist mir wirklich wichtig im Leben? Lebe ich das Leben, das ich leben will?
- Ist es mir wichtiger, Zeit mit meiner Familie zu verbringen oder zu arbeiten?
- Habe ich genug Zeit für gemeinsame Zeit mit Freunden?
- Würde ich gerne mehr lesen, Sport treiben oder im Garten arbeiten? Nehme ich mir Zeit zum Spielen oder Nichtstun?
- Ist es mir wichtig, Spuren zu hinterlassen, einen Beitrag zur Welt zu leisten?
- Oder will ich mein Leben leben, ohne mir viel Gedanken machen zu müssen? Will ich genießen, da sein?
- Was möchte ich am Ende meines Lebens über mich sagen können? Was soll auf meinem Grabstein stehen?

Auf diese Art und Weise können wir den Weg über die Alltagsdinge und das Schaffen von Ordnung in unserem inneren Haus zu den großen Fragen gelangen, die unserem Leben einen Rahmen geben. Wir setzen Prioritäten und bringen dadurch Dinge in Balance und wägen sie gegeneinander ab.

Wichtig ist, sich klarzumachen: Es geht beim Stellen dieser Fragen nicht darum, sich aus Gründen der Selbstbezogenheit übermäßig mit sich selbst zu beschäftigen oder egozentrisch um sich selbst zu kreisen.

Wenn es uns gelingt, in uns selbst Ruhe und Klarheit zu schaffen, können wir uns mit Anderem, Größerem beschäftigen, und wir können uns anderen Menschen zuwenden und widmen.

Das übergeordnete Ziel ist im Grunde, genau davon wegzukommen, sich von all unseren Ängsten, dem Ungelösten und dem, was uns festhält, zu befreien: So können wir schließlich frei werden und zur Ruhe kommen.

Long story short

Klarheit zu erlangen, geht oft den Weg über das Betrachten von Alltagsdingen und vermeintlichen Oberflächlichkeiten. Das Eintauchen in diese kann uns zu den großen Fragen des Lebens führen und unserem Leben dadurch einen Rahmen geben.

Unser inneres Haus aufzuräumen, ist eine große Chance zur Weiterentwicklung. Es kann uns dabei helfen, uns von den unerledigten Dingen zu befreien, Zwischenmenschliches zu klären sowie tiefsitzende und lange zurückliegende Verletzungen zu heilen.

Dieser Prozess kann uns dabei helfen, uns die Prioritäten in unserem Leben bewusst zu machen und uns mit den Dingen auseinanderzusetzen, die uns wirklich wichtig sind.

Can-do list

Haben Sie schon einmal festgestellt, dass banale Alltagsdinge Sie auf ein tiefer sitzendes Problem oder einen inneren Konflikt aufmerksam gemacht haben? Wenn ja, wie sind Sie damit umgegangen? Hat Ihnen diese Erkenntnis geholfen oder hat Ihnen etwas gefehlt?

Was ist in Ihrem inneren Haus aufzuräumen? Können Sie sich vorstellen, das anzugehen? Haben Sie Angst davor, in Ihren Keller hinabzusteigen? Könnte Ihnen dabei jemand zur Seite stehen? Wenn ja, wer?

Was sind Ihre Prioritäten im Leben? Haben Sie diese bereits für sich geklärt oder sind sie vielleicht im Fluss? Wollen Sie eine echte Liste schreiben oder reicht es Ihnen, wenn Sie sich die Dinge im Kopf sortieren? Möchten Sie vielleicht ein Bild malen, um Ihrem Inneren Ausdruck zu verleihen? Es kann sehr gut sein, dass Sie jetzt an einem Punkt angelangt sind, an dem Sie sich überwältigt fühlen und schlichtweg nicht wissen, wo Sie mit dem Ganzen anfangen sollen. An diesem Punkt ist sicher jeder schon einmal gewesen (ich auch!). Ich hoffe sehr, dass das nächste Kapitel Sie in der Umsetzung unterstützen kann.

Schlüssel 14 – jetzt erledigen

Wie oft sagen wir Dinge wie »Ach, hätte ich doch letztes Jahr angefangen, dann wäre ich jetzt da, wo ich hinwollte«? Wie oft schieben wir Dinge auf ›irgendwann‹, nehmen uns Sachen vor für das neue Jahr und am Ende machen wir es gar nicht?

Dies wird umgangssprachlich oft als ›Aufschieberitis‹ bezeichnet, fachsprachlich heißt es ›Prokrastination‹. Menschen, die an Aufschieberitis leiden, leiden tatsächlich sehr – wahrscheinlich betrifft uns das aber in gewisser Weise alle. Es geht hierbei nämlich nicht nur um To-do-Listen im Alltag bzw. die Organisation derselben, sondern um all die unzähligen Dinge, die wir auf unterschiedlichen Ebenen vor uns herschieben. Entscheidend sind hier vor allem die im Raum stehenden Konflikte mit Mitmenschen (siehe Schlüssel 13: Prioritäten setzen, Seite 68) sowie die Klärung von Lebenszielen und -absichten.

Mir ist über die Jahre in der Praxis immer klarer geworden, dass all das nicht Erledigte, nicht Angegangene unsere Energie bindet und uns damit in gewisser Weise unfrei macht. Wie gehen wir also am besten vor, wenn wir dies angehen wollen? Der beste Zeitpunkt um anzufangen ist tatsächlich – jetzt!

Wir haben das schon so oft gehört, dass es uns einfach zu banal erscheint – dass wir es schlichtweg nicht für möglich halten, dass es wirklich funktioniert. Das Entscheidende aus meiner Sicht ist Folgendes:

> —— Wenn wir am Anfang stehen, ist es tatsächlich noch nicht einfach. Aber dann, wenn wir das, was wir verändern wollen, geübt und in unser Leben eingebaut haben, wird es einfach. ——

Kennen Sie das auch? Im Rückblick fragen Sie sich, warum Sie sich mit dem Etablieren einer bestimmten Angewohnheit so schwer getan haben, wo das Beherzigen dieser Ihr Leben doch so viel einfacher macht.

Oder warum Sie mit einer Anschaffung so lange gewartet haben, wo Ihnen diese jetzt doch so viel Erleichterung in Ihrem Alltag verschafft. Beispiele können hier ein Leseknochen, eine gute Schreibtischlampe, ein Küchengerät oder eine neue Matratze sein. Oft sind es tatsächlich kleine Veränderungen, die unser Leben leichter, freier und unbeschwerter machen können. Und dies gilt auf verschiedenen Ebenen, sowohl für materielle Dinge als auch für Gewohnheiten und für die Bewältigung der großen ungeklärten Angelegenheiten unsers Lebens – hier allen voran ungelöste zwischenmenschliche Konflikte oder Verletzungen.

Diese großen Dinge brauchen natürlich mehr Zeit, gerade in der Klärung von Beziehungen muss manches heranreifen. Dieser Reifungsprozess ist notwendig und sinnvoll, irgendwann ist dann aber der richtige Zeitpunkt gekommen, sodass wir dann die vielleicht lebensverändernden, klärenden Schritte gehen können.

Klein anfangen

Auf der praktischen Ebene, also in der Gestaltung des Alltags, habe ich mich von Gretchen Rubin inspirieren lassen, die in einer der ersten Folgen ihres Podcasts ›Happier with Gretchen Rubin‹ die ›one-minute-rule‹ aufgestellt hat: Alles, was man innerhalb einer Minute erledigen kann, macht man am besten sofort, ohne es zu hinterfragen. Nach mehreren Jahren auf Sendung hat sie schon häufiger zurückgemeldet, dass dieser Tipp von all ihren Vorschlägen zur Erleichterung unseres Alltags von den meisten ihrer Hörer*innen (immerhin einige Millionen!) mit Begeisterung angenommen wurde. Können Sie sich vorstellen, das einmal auszuprobieren?

Bei vielen kleinen Alltagsfragen, in eindeutigen Angelegenheiten macht das Hinterfragen im Grunde keinen Sinn. Wenn wir nicht wirklich rebellieren oder aus unserem Alltag aussteigen wollen, müssen manche Dinge schlichtweg erledigt werden, dann ist das ›Einfach-Machen‹ tatsächlich die intelligenteste und energiesparendste Option.

Im Umsetzen dieser Vorhaben kann das Schaffen äußerer Verbindlichkeit sehr hilfreich sein. Diese Idee habe ich auch bei Gretchen Rubin aufgeschnappt, die im Rahmen ihrer Erforschung der menschlichen Natur ein wirklich ausgesprochen hilfreiches Persönlichkeitsmodell entwickelt hat: Dieses zeigt uns, inwieweit wir äußeren und/oder inneren Erwartungen entsprechen bzw. folgen können:

Die größte Gruppe unter uns hat Schwierigkeiten damit, innere Erwartungen zu erfüllen, erledigt jedoch zuverlässig alles, was von außen an sie herangetragen wird. Das sind die ›Gehorcher‹, im Original ›obliger‹. Die Gehorcher brauchen *äußere Verbindlichkeit,* damit sie ihre Vorsätze umsetzen können. Kennen Sie z.B. das Problem, dass Sie nur ins Fitnessstudio gehen, wenn Ihre Freundin Sie abholt? Oder den Druck eines Abgabetermins brauchen, um endlich eine Aufgabe zu erledigen oder Arbeit fertigzustellen? Tun Sie Dinge häufig aus der Motivation heraus, andere nicht enttäuschen zu wollen? Dann sind Sie wahrscheinlich ein ›obliger‹ und können sich damit helfen, sich sogenannte Verbindlichkeitspartner zu suchen.

Überdenken der Prioritäten

Schwieriger verhält es sich bei Dingen, die eine intensivere Beschäftigung mit einer Sache erfordern, die außerhalb unserer Komfortzone liegen, also unangenehme oder unliebsame Aufgaben, mit denen wir uns nicht auskennen oder die uns nicht liegen.

Hier stellt sich ein praktikabler Umgang definitiv schon schwieriger dar: Wie soll ich das denn, bitte schön, auch noch in meinen Alltag, mein ohnehin schon so volles Leben integrieren? Muss man denn nicht einfach auch mal Dinge abgeben, etwas vollständig delegieren können? Ich kann doch unmöglich alles selbst machen und regeln (siehe Schlüssel 19: Raus aus der Perfektionismusfalle, Seite 102).

Dies sind sehr verständliche Einwände; nach meiner Erfahrung rächt sich diese Einstellung jedoch häufig. Gerade dann, wenn es um Finanzen geht und man nicht aus diesem Sektor kommt, kann es Sinn machen, sich mit dieser Thematik mal etwas eingehender zu beschäftigen. Wie viele Leute zahlen Monat für Monat in irgendwelche Altersvorsorgemodelle, Riester-Renten, (Lebens-)Versicherungen, Fonds etc. ein, ohne zu wissen, was sie da eigentlich tun?

Aus meiner Erfahrung

Im Idealfall löse ich das Problem folgendermaßen: Ich nehme mir über einen bestimmten definierten Abschnitt Zeit für diese ungeliebte Angelegenheit, ohne großartig darüber nachzudenken bzw. damit zu hadern, dass ich an dem Tag tausend Dinge lieber gemacht hätte. Ich versuche dann tatsächlich, alles andere auszublenden und mich wirklich nur mit dieser einen Sache zu beschäftigen, ohne nach links und nach rechts zu schauen. Ich fokussiere mich und bündle meine Aufmerksamkeit, kanalisiere meine Energie und erstaunlicherweise macht es mir irgendwann sogar Spaß, und zwar dann, wenn ich in einen »flow« gerate. Endlich verstehe ich gewisse Zusammenhänge und erweitere meinen Horizont, was mich auch ein bisschen stolz macht. Hinterher frage ich mich, warum um Himmels Willen ich das Ganze so lange vor mir hergeschoben habe.

In der Realität sieht das bei mir trotzdem auch oft anders aus. Je mehr Dinge anstehen, desto verständlicher ist es, dass Ungeliebtes immer wieder nach hinten rutscht. So habe ich mir jetzt z.B. während des Buchschreibens für ein solches Thema keine Zeit mehr genommen, ich habe andere Prioritäten gesetzt.

Wahrscheinlich ist entscheidend, dass wir uns in dem ganzen Wust nicht verlieren – dabei kann das Überdenken unserer Prioritäten immer wieder helfen.

Meist merken wir erst hinterher, wie sehr uns etwas belastet hat.

Es kann uns auf all diesen Ebenen stets helfen, uns Folgendes bewusst zu machen: Auch noch so kleine Veränderungen können einen oft sehr großen Unterschied machen. Wie so viele andere auch, ist die Lebensweisheit »Auch eine Reise von 1000 Meilen beginnt mit dem ersten Schritt« tatsächlich viel weitreichender, als wir auf den ersten Blick erkennen. Ist es doch so, dass wir mit jedem klitzekleinen Schritt, jeder Bewegung an einen Ort gelangen, den wir vorher nicht gekannt haben. Von jeder einzelnen Stelle aus sieht es anders aus als vorher. Wir können einen anderen Blick auf die Dinge werfen, erhalten einen anderen Zugang, eine andere Perspektive.

Wenn wir drei Stufen nach oben kommen, können wir auch mal zwei zurückfallen und sind immer noch weiter als vorher! Natürlich kann es auch mal nur ein Schritt nach vorne sein und zwei zurück – entscheidend ist die positive Bilanz. Irgendwann kommen wir an.

Wenn es uns also gelingen kann, unsere Prioritäten zu setzen, wir in Bewegung geraten und damit lebendiger werden, uns neu ordnen, macht dies Raum für Neues. Dieses ›Raum-Schaffen-für-Neues‹ setzt voraus, auch wenn wir uns das nicht immer bewusst machen, dass wir Dinge loslassen können. Los*lass*en und Gel*ass*enheit gehören in gewisser Weise zusammen.

Long story short

Aufgeschobene, unerledigte Dinge rauben uns mehr Energie, als wir uns bewusst machen – das gilt im Kleinen bei Alltagsdingen wie im Großen, zum Beispiel der Klärung von Zwischenmenschlichem oder dem Priorisieren von Lebenszielen.

Im Alltag kann uns die ›one-minute-rule‹ helfen. Alles was man innerhalb einer Minute erledigen kann, macht man am besten sofort, ohne es zu hinterfragen. Wenn wir Probleme mit der Umsetzung innerer Erwartungen haben, kann das Suchen von Verbindlichkeitspartnern eine geniale Lösung bieten. Etwas größeren, außerhalb unserer Komfortzone liegenden Aufgaben mit Bezug zu unserem Alltagsleben können wir uns für einen definierten Zeitraum kompromisslos und ohne Ablenkung widmen.

Für das Klären zwischenmenschlicher Konflikte und Probleme sowie das Angehen und Heilen alter Verletzungen brauchen wir Geduld. Diese Prozesse brauchen oft Zeit und müssen reifen.

Can-do list

Können Sie sich vorstellen, die ›one-minute-rule‹ anzuwenden? Probieren Sie es aus, stellen Sie sich den Timer. Wie fühlt es sich an, Mini-Dinge erledigt zu haben?

Wann haben Sie das letzte Mal etwas Unliebsames oder Nerviges erledigt? Was hat Ihnen bei der Umsetzung geholfen? Hat Ihre Einstellung zu der Sache sich über den Prozess hinweg geändert? Wie haben Sie sich hinterher gefühlt?

Was braucht es, damit Sie einen ungeklärten Konflikt auf Beziehungsebene angehen können? Haben Sie das schon einmal versucht? Wenn ja, mit welchem Ausgang? Hat es Sie er- oder entmutigt?

Schlüssel 15 – Abgrenzung

Die Abgrenzung ist in gewisser Weise der Schlüssel zur inneren Freiheit, aber das wird oft missverstanden – darum ist das Wort aus meiner Sicht problematisch und hilft meist nicht so gut weiter, wie wir uns das wünschen. Viele verstehen unter Abgrenzung, dass sie ›jetzt endlich mal an sich selbst denken‹, ›die anderen jetzt mal gucken können, wie sie zurechtkommen‹, ›ich mach jetzt nur noch, wozu ich Lust habe‹, etc. Wie kommt es dazu, dass manche Menschen an diesen Punkt kommen?

Wenn Sie Ihr Leben lang immer nur das gemacht haben, was andere von Ihnen erwartet haben, Sie chronisch erschöpft sind, einen Burn-out erleiden oder gar körperlich schwer krank werden, kommen Sie an einen Punkt, an dem Sie als eine Art natürliche Gegenreaktion in das andere Extrem umschlagen. Sie haben das Gefühl, dass Ihre Lebensbedingungen Sie krank gemacht haben, dass es so einfach nicht mehr weitergeht und gehen sozusagen in die Rebellion, grenzen sich ab. Sie verweigern sich, weil Ihnen gefühlt das Wasser bis zum Hals steht. Sie sind enttäuscht, weil die anderen Sie zu wenig im Blick hatten, Ihre Bedürfnisse missachtet haben. Sie denken, dass Sie sich ein dickes Fell anschaffen müssen, dass es so nicht weitergeht.

DAS BILD VON DER GLOCKE Die Glocke: Etwas, das starr in einer Position verharrt, ist regelrecht festgezurrt, wie z. B. der ›Dicke Pitter‹ im Kölner Dom. Stellen wir uns vor, dass diese Glocke von starken Seilen fest zu einer Seite gebunden wird und dort ganz starr in einer Position verharrt. Reißen diese Seile, muss die Glocke erst einmal, ihrer natürlichen Gegenbewegung folgend, auf die andere Seite schwingen, bis sie sich dann, ihrer natürlichen Schwerkraft folgend, ganz allmählich in der Mitte einpendelt – ganz sanft, ohne Anstrengung oder Vergeudung von Kraft und Energie.

So ist auch klar, dass wir nach einer langen Phase der Überanstrengung erst einmal Ruhe brauchen. Dies gilt für kurze überschaubare Zeiträume, kann aber im Grunde auch auf unser ganzes Leben übertragen werden. Wenn ein Mensch z. B. um die 60 Jahre alt ist und sein ganzes Leben lang auf einer Seite festgezurrt war, geleitet von dem Bild, dass er das zu tun habe, was man von ihm erwartet, dass er seine Pflicht zu erfüllen habe, dass er andere immer an erste Stelle zu setzen bzw. sich hintanzustellen habe, dann ist es nur folgerichtig, dass er beim Reißen der Seile erst einmal voll auf die andere Seite schwingt und das Gefühl hat, dass er nur noch schlafen und gar nicht mehr aufstehen will.

Häufig entwickelt sich diese Gegenbewegung aus einer Lebenskrise heraus. Oft kommen Menschen aus einer Reha-Maßnahme oder einem stationären (psychosomatischen) Aufenthalt nach Hause und ziehen neue Saiten auf. Oft lernen Menschen in einer Psychotherapie, sich ›abzugrenzen‹. Für die Menschen in der Umgebung ist das oft schwierig. Dann heißt es: ›Was ist denn mit der auf einmal los?‹, ›Was ist denn in den gefahren?‹. Man ist den anderen auf einmal regelrecht fremd geworden. Es heißt dann ›so kenn ich die gar nicht‹, ›der hat wohl eine Gehirnwäsche gekriegt‹ oder so ähnlich. Manche reagieren darauf mit Unsicherheit und Angst, andere werden aggressiv oder aversiv.

Wichtig ist, dass diese ›Gegenbewegung‹ zwar notwendig ist, um ein Gleichgewicht herzustellen, auf lange Sicht die Lösung aber nicht darin bestehen kann, dass wir uns ein dickes Fell anschaffen und nur noch an uns denken. Wir lassen dann das Leid und die Bedürfnisse der anderen nicht mehr an uns heran, grenzen uns ab und laufen dadurch Gefahr, uns von den anderen regelrecht abzutrennen. Das läuft jedoch im Grunde gegen unsere Natur. Der Mensch ist ein soziales Wesen, wir alle brauchen andere, die Verbindung, das Miteinander. Auch dies ist wieder eine Frage des Maßes.

Das Problem entsteht da, wo wir immer sofort ›Gewehr bei Fuß‹ stehen, wenn etwas von uns erwartet wird. Wir reagieren quasi automatisiert auf Anforderungen von außen oder vorgetragene Bitten, ohne eine Schleife über unser Innenleben zu ziehen. Der Kern des Problems liegt oftmals insofern in uns selbst, als dass wir oft nicht klar genug sind.

Gewehr bei Fuß

Stellen Sie sich vor: Felix und Clara sind beim Elternabend. Es wird gefragt, wer für den Tag der offenen Tür am kommenden Samstag einen Kuchen backen kann. Sofort schnellen die Finger der Mütter in die Höhe, die ohnehin immer bei allem dabei sind. Auch Clara meldet sich. Auf dem Heimweg fragt Felix Clara, ob sie nicht daran gedacht hat, dass am Freitagabend die Geburtstagsparty von Carlo stattfindet? »Ach ja«, sagt Clara, »wie doof, da hab ich gar nicht dran gedacht. Dann muss ich den Kuchen backen, bevor wir gehen, oder wenn wir nach Hause kommen, oder am Samstagmorgen.« Clara hat also keine Schleife über ihr Innen gedreht und automatisiert und unreflektiert »Ja« gesagt, ohne auch nur den Bruchteil einer Sekunde innezuhalten, kurz zu überlegen, ob es ihr passt.

Clara sagt wahrscheinlich auch etwas wie ›immer muss ich einen Kuchen backen‹, weil es ihr schwerfällt oder nahezu unmöglich erscheint, nicht »Ja« zu sagen. Wahrscheinlich hat sie von klein auf gelernt, eigene Bedürfnisse zurückzustellen, die Wünsche anderer an erste Stelle zu setzen. Vielleicht ist sogar ihr Selbstwertgefühl daran gekoppelt, stets anderen einen Gefallen zu tun, ihnen zu dienen. Sie hat ein ›schlechtes Gewissen‹, wenn sie keinen Kuchen backt.

Das Problem besteht also nicht per se darin, dass Clara den Kuchen backt, sondern darin, dass sie vorher nicht mal eben bei sich nachgefragt hat, ob es denn in Ordnung ist. Sie hätte kurz ihren Kalender checken und dann sagen können, dass sie diesmal keinen Kuchen backen kann, sich beim nächsten Mal aber gerne wieder beteiligt.

Wenn Sie immer sofort ›Gewehr bei Fuß stehen‹ und unreflektiert alles tun, was von Ihnen erwartet wird, wissen Sie streng genommen gar nicht, wie es Ihnen geht, was mit Ihnen los ist, ob das für Sie wirklich in Ordnung ist. Wenn Sie hingegen in gutem Kontakt mit sich selbst sind, sich und Ihre Reaktionsweisen und Ihre Körpersignale kennen, können Sie sich auf sich selbst verlassen und machen, was immer Sie wollen und so viel Sie wollen – auch für andere! Und das gilt ausnahmslos und immer. Die ganz klare eindeutige Richtschnur, die Entscheidungshilfe sind Sie selbst. Sie selbst sind Ihr Leuchtturm, Ihr Anker. Sie können auf Ihre innere Stimme hören und trotzdem mit anderen in Verbindung bleiben. Sie sind abgegrenzt und trotzdem verbunden. Beides kann nebeneinander gehen. Kein ›Entweder-oder‹, sondern ein ›Sowohl-als-auch‹.

Es hilft ungemein, sich darüber bewusst zu werden, dass das Abspulen dieser automatisierten Mechanismen uns auf eine bestimmte Art und Weise hilft. Wir sagen zwar, dass wir im Hamsterrad sind, uns alles zu viel ist und wir erschöpft sind, aber auf einer meist unbewussten Ebene brauchen wir dies auch. Wir brauchen das Gefühl, gebraucht zu werden, unverzichtbar zu sein. Die große Frage ist, wann das angefangen und wie genau sich das entwickelt hat. Eins steht fest: Diese tief in uns eingegrabenen Strukturen sind nichts, mit dem wir auf die Welt gekommen sind. Wir alle haben gelernt, uns in irgendeiner Form von Elend einzurichten, der Ursprung dieses Verhaltens liegt in unserer Vergangenheit begründet.

Long story short

Wenn Sie gegen Anforderungen von außen oder Erwartungen rebellieren, kommen wahrscheinlich zwei Sachen zusammen: Sie haben zu oft und zu lange das getan, was man von Ihnen erwartet hat, ohne mit sich selbst im Kontakt zu sein, und Sie sind an einen krisenhaften Punkt gekommen, an dem Sie erkannt haben, dass es so nicht weitergeht.

Sie müssen erst auf die andere Seite schwingen, um wieder ein Gleichgewicht herzustellen. Dies ist erst einmal notwendig, langfristig aber nicht die Lösung.

Die Lösung besteht darin, den Kanal nach innen zu öffnen, mit sich selbst in Kontakt zu sein und die Fähigkeit zu entwickeln, nicht automatisiert auf Anforderungen zu reagieren, sondern situativ. So bleiben Sie mit anderen verbunden, weil Sie mit sich selbst verbunden sind. Auch hier gilt: außen wie innen.

Can-do list

Welche Beispiele kennen Sie aus Ihrem Leben? Stolpern auch Sie immer wieder in die Falle, jemandem einen Gefallen zu tun? Haben Sie auch schon erlebt, dass Sie sich hinterher darüber geärgert haben, etwas zugesagt zu haben?

Können Sie sich vorstellen, beim nächsten Mal, wenn eine solche Situation entsteht, bewusst innezuhalten und darauf zu achten, nicht direkt ›Ja‹ zu sagen? Bemerken Sie die Anspannung, die aufsteigt, die sogar eine Angst sein kann, zum Beispiel die Angst vor Ablehnung oder die Angst, zu enttäuschen?

Wenn Sie es das erste Mal geschafft haben, nicht direkt »Ja« zu sagen: War dies eine typische Situation? Welche anderen Beispiele fallen Ihnen sonst noch ein? Haben Sie das Gefühl, dass Sie die gemachten Erfahrungen auf andere Situationen übertragen können?

Schlüssel 16 – Gelassenheit und Loslassen

Die für mich wahrscheinlich wichtigste grundlegende Lebensweisheit ist der bekannte Spruch über die Gelassenheit, den ich hier etwas abwandle:

> — Ich möchte die Kraft haben, Dinge zu verändern, die ich verändern kann, die Gelassenheit, Dinge anzunehmen, die ich nicht ändern kann, und die Weisheit, das eine vom anderen zu unterscheiden. —

Im Original heißt es ›Gott gebe mir …‹ oder auch ›Meine Höhere Macht gebe mir …‹. Dies weist aus meiner Sicht deutlich darauf hin, dass sich die Bedingungen unseres Lebens in mancher Beziehung unserem Einfluss entziehen und andere Kräfte am Werk sind – was erst recht unterstreicht, wie lebensverändernd und gut es sein kann, wenn wir uns auf die Dinge konzentrieren, die wir ändern können. Aber wie gelingt uns das? Wie unterscheiden wir, was wir beeinflussen können und was nicht?

Lähmende Ohnmacht

Im Alltag fechten wir häufig Kämpfe aus, die keinen Sinn machen und vergeuden damit unsere Kraft und Energie, was manchmal regelrecht destruktive Ausmaße annehmen kann. In der Praxis wird mir berichtet, dass viele sich vor allen Dingen dann schwertun, wenn sie mit Strukturen wie Ämtern, Organisationen, Gerichten oder anderen offiziellen Stellen zu tun haben, denen sie sich ausgeliefert fühlen. Sie empfinden Hilflosigkeit, Überforderung und Ohnmacht. Erschwerend kommt hinzu, dass sich unsere modernen gesellschaftlichen Strukturen für viele gefühlt in eine eher unpersönliche Richtung entwickeln. In vielen Ämtern gibt es keine Ansprechpartner mehr, wir hängen stundenlang in Hotlines fest. Diese Anonymität bestärkt das beschriebene innere Erleben in starkem Maße.

Viele leiden, wenn sie Wartezeiten ertragen müssen, so z.B. auf einen Rentenbescheid, einen Gerichtstermin, ein Gespräch mit den Vorgesetzten oder auch eine Kontrolluntersuchung nach einer schwerwiegenden Erkrankung. Besonders verständlich und für jeden nachvollziehbar ist dies, wenn reale Existenzängste durch eine Erkrankung oder auch eine unsichere, prekäre finanzielle Situation bestehen. Schwer Kranke können sich – sehr verständlich – so gut wie nie von der Angst vor einem Fortschritt ihrer Erkrankung lösen. Sie gehen in dieser Zeit oftmals wirklich ›durch die Hölle‹. Dies kann auch Menschen betreffen, die am Existenzminimum leben, keine Rücklagen haben und allein leben oder schlimmstenfalls auch allein sind. Immer wieder habe ich Menschen begleitet, die positive, Mut machende Krankheitsverläufe hatten, dennoch war die Angst vor dem nächsten Check-up wieder sehr groß. Und faktisch passiert es so gut wie nie, dass die Ämter wirklich ›den Geldhahn zudrehen‹, meist findet sich eine Lösung. Dennoch bleibt die Angst gefühlt real und überwältigend.

So hatte eine ehemalige Patientin sich ihrem Beruf als Krankenpflegehelferin ganz verschrieben, diesen mit ganzem Herzen und sehr viel Eifer und Elan ihr Leben lang ausgeübt, bis sie dann im Alter von 50 Jahren körperlich krank wurde und aus ihrer letzten Arbeitsstelle schließlich durch regelrechtes Mobbing vertrieben wurde. Nach Beendigung der Krankengeldphase und dem noch nicht erteilten Bescheid über die Erwerbsminderungsrente war sie vom Amt abhängig und hatte nachts Alpträume, entwickelte eine schwere Depression und hatte sogar Suizidgedanken. Sie wohnte zur Miete und zitterte regelrecht, dass ihr Auto nicht kaputtgeht, weil sie sich kein neues hätte leisten können. Aber sie war auf das Auto angewiesen, da sie auf dem Land lebte. Unter solchen Umständen Gelassenheit aufzubringen ist wohl den wenigsten Menschen möglich. Auch mir würde das mit ziemlicher Sicherheit auch nicht halb so gut gelingen, wie ich es mir wünschen würde.

Gelassenheit hilft

Kennen Sie folgenden Gedanken? Manchmal hat man den Eindruck, dass Verbissenheit, das unbedingte Wollen, die maximale gedankliche Fixierung auf das erwünschte Ziel geradezu verhindern, dass ebendieses eintritt.

> —— Machen wir uns klar: Unsere Aufregung, unser Aufruhr nimmt in keiner Weise einen positiven Einfluss auf die Geschehnisse. ——

Man hat fast den Eindruck, dass das gedankliche Loslassen dabei hilft, den erwünschten Vorgang zu beschleunigen: Oft flattert auf magische Art und Weise genau dann z.B. der heiß ersehnte Bescheid ins Haus, wenn wir mal nicht mehr daran gedacht haben, wenn wir losgelassen haben. Ich habe dies schon häufiger beobachten können, habe aber keine rationale Erklärung dafür.

Loslassen

In manchen Fällen lassen sich die Abläufe nicht rational erklären. Man kann sich nun darüber aufregen, dass es vielleicht ungerecht zugeht. Faktisch ändert es meistens nichts. Und in einigen Fällen eben doch – und diese gilt es zu unterscheiden.

Beispielsweise ist die Bewilligung einer Berentung häufig nicht proportional zum tatsächlich empfundenen Leidensdruck des Beantragenden und manchmal auch nicht zu den objektiv erhobenen Befunden. So hatte eine Patientin von einer fachärztlichen Kollegin zu ihrer Überraschung auf Grund eines schon lange bestehenden Befundes den dringenden Rat erhalten, die Rente einzureichen, was weder ein anderer der behandelnden Fachärzt*innen noch ich so eingeschätzt hatten. Sie wusste quasi gar nicht, wie ihr geschah. Binnen weniger Wochen wurde sie begutachtet (teils dauert dies ewig) und die Berentung wurde genehmigt. Ich habe aber auch mehrere Patient*innen begleitet, die schwerwiegende psychiatrische Diagnosen aufwiesen und auch körperlich schwer krank waren. Deren Rentenantrag ging nicht auf Anhieb durch, obwohl mehrere Fachärzt*innen mit vereinten Kräften ihr Bestes gegeben hatten.

Man kann sich über so etwas aufregen, ja regelrecht wütend werden. Wut hilft aber nur dann, wenn wir daraus eine produktive Handlung ableiten und weitere sinnvolle Schritte einleiten. So hatte eine Patientin sich jahrelang mit einer Behörde herumgeärgert und die ganze Sache schließlich ihrem Anwalt übergeben: Sie gewann sehr deutlich an Lebensqualität. Sie hatte nicht mehr ständig Angst, unangenehme Briefe aus dem Briefkasten holen zu müssen. Die Post lief jetzt über den Anwalt und fortan lebte sie tatsächlich wesentlich entspannter.

Angst vor dem Fortschreiten einer Erkrankung ist sehr verständlich und lässt sich kaum beeinflussen. Die Empfehlung der Anwendung des Spruchs zur Gelassenheit scheint hier an seine Grenzen zu kommen und wirkt fast vermessen. Wenn es im Verlauf der Erkrankung gelingen kann, sich von der Angst nicht beherrschen zu lassen und stattdessen Gelassenheit zu entwickeln und Unterstützungsangebote zu suchen und anzunehmen, steigt die Lebensqualität.

> — Entscheidend ist, Gefühle wie Angst, Empörung und Wut in sinnvollen Bahnen zu lenken. Es kann gelingen, aus diesen Empfindungen heraus Veränderungen zum Positiven zu bewirken und diese so als Kraftquelle zu nutzen. —

Ziel der Überlegungen ist nicht, alles passiv hinzunehmen oder einfach laufen zu lassen. Vielmehr geht es um die Frage, zu erkennen, wann das Loslassen einen Sinn macht. Es macht Sinn, alles loszulassen, was wir nicht ändern können.

Auf magisch anmutende Art und Weise fügen sich die Dinge oft wie von selbst, wenn uns das Loslassen gelungen ist. Wie wir die Zeit bis dahin verbringen, liegt größtenteils an uns selbst. Auf dem Weg dorthin können wir uns die Nerven ruinieren, schlaflose Nächte haben, vor lauter Aufregung Magenbeschwerden kriegen oder hohen Blutdruck entwickeln, ändern wird sich dadurch nichts. Trotzdem ist es in diesen Situationen nahezu unmöglich, die Ruhe zu bewahren. Was kann uns dabei helfen?

Helfen kann uns die *Gewissheit*, dass sich irgendwann tatsächlich alles klärt und fügt, und auch das Wissen darum, dass wir nicht allein sind, auch wenn uns das manchmal so vorkommen mag. Immer wieder geschehen auch die kleinen Wunder, und (fast) jede und jeder hat schon einmal eine Situation erlebt, in der sich jemand ihrer/seiner angenommen und über Bestimmungen oder Zuständigkeiten hinweggesetzt hat, sodass ihr/ihm geholfen werden konnte.

Es hilft zu wissen, dass wir nicht allein sind, dass andere für uns da sind und uns unterstützen, und dies auch manchmal in Situationen, in denen wir nicht damit gerechnet haben.

Die Anwendung der im ersten Kapitel erläuterten Schlüssel 1–9 kann hier von großer Hilfe sein: Entscheidend ist auch hier das Wissen darum, dass wir nicht alleine sind, das Vertrauen in uns selbst, unser Schicksal und unsere höhere Macht sowie das ›Sich-Erden‹ in unserem Körper.

Zudem kann sich jede und jeder Einzelne fragen, inwieweit sie/er selbst dazu beitragen kann, dass diese Welt ein menschlicher Ort bleibt bzw. zu einem noch menschlicheren wird. Wenn wir uns ständig abgrenzen und Zuständigkeiten abwälzen, uns vom Leid anderer nicht berühren lassen, verhalten wir uns im Grunde genommen nicht menschlich.

Wir können diese Dinge alle an unserem jeweiligen Ort, dort wo wir sind, so wie wir sind, versuchen umzusetzen.

Long story short

Kraftvoll Dinge zu verändern, die wir verändern können, und Dinge loszulassen, die wir nicht verändern können – wer diese Dinge voneinander unterscheiden kann und sich entsprechend verhält, gewinnt ein großes Stück Lebensqualität.

Empörung, Wut oder Entrüstung können in konstruktive oder produktive Bahnen gelenkt werden und damit eine Veränderung zum Positiven bewirken.

Das Loslassen von Dingen, auf die wir keinen Einfluss haben, die Abkehr von Verbissenheit und Verkrampfung können uns auf magisch anmutende Art und Weise dem erwünschten Ziel näherbringen, auch wenn es hierfür keine rationale Erklärung gibt.

Can-do list

Gehen Sie in sich und reflektieren Sie: Gibt es Themen aus Ihrem Leben, die den beschriebenen Beispielen entsprechen? In welchen Fällen haben Ihnen Wut oder Empörung geholfen? Und wann haben Sie sich unnötigerweise über etwas aufgeregt? Haben Sie auch schon einmal Ihre Kraft vergeudet? Wenn ja, wie ist das weitergegangen? Wie hat sich die Angelegenheit geklärt?

Wann ist es Ihnen gelungen, gelassen mit schwierigen Situationen umzugehen? Ist Ihnen das intuitiv gelungen oder erst, nachdem Sie sich die Sachlage bewusst gemacht haben? Hat diese Haltung zu dem Ergebnis geführt, das Sie sich gewünscht haben?

Glauben Sie, dass sich das Unterscheiden üben lässt? In welchen Bereichen könnte Ihnen das weiterhelfen? Glauben Sie, dass dies vor allem für Alltagsdinge relevant ist oder auch für tiefere, grundlegende Themen?

Stolpersteine unterwegs erkennen

Wenn wir auf Basis der bisherigen Grundlagen beginnen, die Schlüssel zur Umsetzung von Selbsterkenntnis und Verhaltensänderung anzuwenden, sind wir einen großen Schritt vorangekommen. Dabei gibt es aber jede Menge Stolpersteine wie Selbstsabotage, Schuld- und Schamgefühle sowie Perfektionismus und Kontrollzwang.

Schlüssel 17 – Selbstsabotage erkennen

Wie häufig sagen wir uns: »So bin ich eben. Ich kann es einfach nicht ändern.« Es ist eine der großen Fragen, warum wir immer wieder Dinge tun, die wir ›eigentlich‹ nicht wollen. Sicher kennen Sie folgende Situationen:

- Sie haben den Abend bei Freunden genossen, dabei auch ein Glas oder zwei getrunken und sind zu spät ins Bett gekommen. Am nächsten Tag sind Sie müde und haben Kopfschmerzen.

- Sie wissen, dass Sport Ihnen guttut, Sie sich hinterher frischer und energiegeladener fühlen, und bleiben trotzdem auf dem Sofa sitzen.
- Sie wollen sich eigentlich gesund ernähren und essen doch wieder eine Tüte Chips oder Gummibärchen.

All das spielt sich in unserem Alltagsleben ab, wir erleben solche Dinge fast jeden Tag, sie sind uns bewusst. Nennen wir unser Verhalten *Selbstsabotage*, ein ziemlich starkes Wort, das wir genauer unter die Lupe nehmen wollen.

Warum handeln wir so? Wir alle haben mehrere Herzen, die in unserer Brust schlagen. Auch wenn wir es uns nicht immer bewusst machen, so setzen wir doch ständig Prioritäten.

Hier ist es sinnvoll, uns selbst auf die Spur zu kommen und herauszufinden, was die wahren Beweggründe und Motive für unsere Verhaltensweisen sind. Ist es denn wirklich so schlimm, was wir gemacht haben? Sie können auch denken:

- Sie hatten einen schönen Abend in toller Gesellschaft, haben sich wohl gefühlt und waren glücklich. Somit haben Sie das gesellige, fröhliche Miteinander über den Schlaf priorisiert.
- Sie haben sich einfach nicht wohl gefühlt, Ihr Körper war müde und Sie brauchten diese Auszeit und Ruhephase … am nächsten Tag treiben Sie wieder Sport, wenn Sie Lust dazu haben.
- Sie haben einfach richtig Lust auf eine Tüte Chips und essen diese mit Genuss … dann haben Sie am nächsten Tag sicher wieder Hunger auf etwas Frisches, wenn Sie auf Ihren Körper hören.

Das vermeintliche Problem der Selbstsabotage entsteht also oft, wenn wir Dinge automatisiert und unreflektiert abspulen, ohne uns darüber bewusst zu sein, was wir tun. Wenn es uns gelingt, mit uns selbst in Kontakt zu sein und wir darauf vertrauen, dass wir uns auf unsere Impulse verlassen können, können wir mit Freude und Genuss dabei sein – dann ist alles in Ordnung. Wir können unseren ›Kanal nach innen‹ öffnen, in uns hineinhorchen und bewusst darauf hören, was wir wollen und brauchen.

> Wenn es uns gelingen kann, mit uns selbst ein bisschen wohlwollender und großherziger, freundlicher umzugehen, haben wir automatisch einen anderen Blick auf die Dinge und entspannen uns.

So haben wir eine bessere Chance darauf, das erwünschte Verhalten zu etablieren. In diesem Prozess können wir versuchen, uns selbst durch die Brille des Wohlwollens zu betrachten, liebevoll mit uns umzugehen.

Den Weg zu Veränderungen finden

Auf einer tieferen Ebene greifen oft diese Mechanismen, im Großen wie im Kleinen. Wir schieben diese jedoch beiseite, weil wir es schlichtweg (noch) nicht schaffen, uns damit auseinanderzusetzen:

- Sie sind im Grunde unzufrieden mit Ihrer Beziehung … und kriegen einfach nicht die Kurve, die Dinge anzusprechen.
- Sie haben das Gefühl, dass etwas in Ihrem Leben nicht rund läuft, und haben keine Ahnung, was Sie daran ändern oder wie Sie das angehen können.
- Sie ahnen, dass das Ansprechen einer kniffligen Situation am Arbeitsplatz fällig ist, vielleicht sogar das Überdenken des ganzen Arbeitsverhältnisses, und schieben es immer wieder vor sich her.

Auch hier geht es im Grunde um Priorisierung, allerdings ist es an dieser Stelle etwas komplizierter und komplexer. Wir spüren oft, dass eine Veränderung ansteht, finden aber keinen Weg, es anzugehen. Es gibt wahrscheinlich viele Gründe dafür, an einer schwierigen Beziehung oder einem unbefriedigenden Arbeitsplatz festzuhalten und in der Regel sind dies eben auch vermeintlich ›gute Gründe‹. Wenn wir etwas vermeintlich Schädliches, Unsinniges oder Überflüssiges nicht aufgeben können, hat das immer einen Grund. Erst wenn wir diesen Grund erkannt haben, können wir die Chance ergreifen, etwas hinter uns zu lassen und uns zu lösen, um mutig zu neuen Ufern aufzubrechen.

Hier hilft es zu verstehen, dass mehrere Herzen in unserer Brust schlagen, die alle ihre Daseinsberechtigung haben. Oft scheinen diese sich nicht miteinander vereinbaren zu lassen, oft sind sie uns aber auch gar nicht bewusst. Besonders schwierig ist es immer dann, wenn unser Unbewusstes uns in eine andere als in die eigentlich von uns angestrebte Richtung zieht. Denken Sie an ein Boot, das in eine bestimmte Richtung fahren soll und sich am nächsten Morgen an einer ganz anderen Stelle wiederfindet, weil der Anker herabgelassen wurde … warum?

Sicher haben Sie auch schon von einer Frau gehört, die nach einer schon vollzogenen Trennung zu einem Mann zurückgeht, obwohl sie es eigentlich gar nicht wollte. Es gab schließlich einen guten Grund für die Trennung, sie wurde vielleicht sogar von ihm geschlagen. Was treibt sie an? Als mögliche Gründe kämen in Frage:

- Sie braucht das gemeinsame Zurückblicken auf Erlebtes, die Vertrautheit, das Miteinander.
- Er ist der Vater ihres Kindes. Sie möchte die Verantwortung für das Kind teilen.
- Sie steht finanziell besser da und hat mehr Sicherheit.

Auch im Großen gilt es, Dinge gegeneinander abzuwägen und Prioritäten zu setzen. Was macht man, wenn die Vertrautheit vergiftet oder zumindest schwer getrübt ist, wenn schnell klar wird, dass ein Neuanfang eine Illusion war, wenn sich die alten, unguten Gefühle schnell wieder einstellen und man ahnt, dass es ein Fehler war, zurückzugehen?

Wenn wir unsere dysfunktionalen Verhaltensweisen beibehalten, gibt es dafür einen guten Grund, egal, um was es geht und auch egal, wie wenig Verständnis Außenstehende für das Beibehalten dieser Verhaltensweisen aufbringen können.

An dieser Stelle kann man zwar von Selbstsabotage sprechen, aber: Was uns unbewusst antreibt, in eine andere Richtung zieht als wir ›eigentlich‹ möchten, muss von großer Bedeutung sein. Häufig sind Liebe und Loyalität unsere Triebfedern. Manchmal fehlt uns die innere Festigkeit, das Selbstwertgefühl ist zu fragil. Jede und jeder hat ihre/seine Beweggründe für ihre/seine Handlungsweisen. Wenn die Zeit für eine (erneute) Trennung, eine Veränderung noch nicht reif ist, dann ist sie eben noch nicht reif: Wer weiß, wozu das gut ist. Ich vertraue darauf, dass jede und jeder im tiefsten Inneren weiß, was gut für sie oder ihn ist.

In solchen Situationen Druck auszuüben, halte ich für fatal – wer bin denn ich, dass ich meinem Gegenüber sage, was gut für sie oder ihn ist und mich damit über den anderen stelle? Aber wir können als Menschen und auch Psychotherapeut*innen für andere da sein, sie begleiten und ihnen vertrauen. Wir können bei dem Prozess der Bewusstwerdung helfen. Wir können unsere Wahrnehmung anbieten und damit unserem Gegenüber den Raum geben, die für ihn notwendigen Schritte zu gehen.

Ich bin sehr vorsichtig damit geworden, mir hier vorschnell ein Urteil zu bilden. Ich habe es mir abgewöhnt, Menschen dafür zu verurteilen, dass sie vermeintlich nicht das Richtige oder Notwendige tun. Wir können zwar jede tief eingefahrene dysfunktionale Verhaltensweise als Selbstsabotage bewerten, aber das ›Sich-selbst-Verurteilen‹ verstärkt die Problematik, da es unser ›Minus-Gefühl‹ nährt und damit unser Selbstwertgefühl schwächt. Wenn wir darauf vertrauen, dass wir die Lösung in uns tragen und der richtige Zeitpunkt kommen wird, wenn wir am Ball bleiben, ist dies die beste Voraussetzung für eine Veränderung zum Guten. Auf dem Weg dorthin ist es vor allem wichtig, in Verbindung zu bleiben – mit uns selbst und mit anderen.

Long story short

Wir alle tun ab und zu Dinge, die wir eigentlich nicht wollen. Auf die wichtige Frage nach dem ›Warum‹ finden wir häufig keine Antwort. Es kann so weit gehen, dass wir das Gefühl haben, uns selbst zu sabotieren.

Wenn wir in uns hineinhorchen und unsere Motive ergründen, finden wir Antworten, die uns helfen und sogar trösten können: Wir alle haben Gründe dafür, Dinge zu tun, die scheinbar nicht gut für uns sind und die bei Dritten oft auf Unverständnis stoßen. Wichtig ist, dass wir uns bewusst machen, was in uns abläuft.

Wir können anerkennen, dass die eigentlich unerwünschte Triebfeder, die uns in eine vermeintlich nicht gewollte Richtung zieht, eine eigene Weisheit besitzt und uns vielleicht vor etwas schützt, dem wir (noch) nicht gewachsen sind. Wir können uns selbst einen Vertrauensvorschuss geben und versuchen, freundlich und wohlwollend mit uns umzugehen.

Can-do list

Welches sind Ihre persönlichen Stolpersteine im Alltag? Gibt es Dinge, die immer wieder anders laufen, als Sie es eigentlich wollen? Können Sie mit den obigen Erklärungsversuchen etwas anfangen? Wenn ja, was könnte das für Sie bedeuten? Wenn nein, welche Ideen haben Sie dazu?

Bei welchen großen Themen haben Sie das Gefühl, dass Sie sich im Weg sind oder waren? Verstehen Sie, was Ihre anderen Triebfedern sind? Hat sich das über Ihre Lebensspanne verändert und wenn ja, wodurch?

Gelingt es Ihnen, nachsichtig, wohlwollend und freundlich mit sich selbst umzugehen und mit anderen? Wenn nein: Können Sie es versuchen? In welchen Bereichen würde es Ihnen besonders schwer, in welchen leicht fallen?

Schlüssel 18 – mit Scham und Schuld umgehen

Sehr viele Menschen, vielleicht die meisten oder wahrscheinlich fast alle, tragen etwas sehr Belastendes in sich, das in der Regel tief vergraben oder sogar abgespalten, also nicht mehr dem Bewusstsein zugänglich ist. Meist sind dies Scham- oder Schuldgefühle. Durch diese zimmern wir uns unser eigenes Gefängnis. Der Unterschied zwischen Scham und Schuld ist ein sehr elementarer. Scham bedeutet: Ich *bin* falsch. Schuld bedeutet: Ich habe etwas falsch *gemacht*.

Scham überwinden

Scham ist der verstörendste Gemütszustand von allen. Der springende Punkt ist, dass wir sie für uns behalten und sie uns dadurch von anderen isoliert. Zeigen wir uns einem anderen, uns vertrauten oder vielleicht sogar geliebten Menschen in unserer Scham, zeigen wir ihm unser Innerstes. Dann spüren wir förmlich, wie die Scham durch die Verbindung zerfällt, sich in Luft auflöst (siehe Schlüssel 5: Die heilende Kraft der Worte, Seite 28). Unser Gegenüber sieht uns, gibt uns Ansehen, verbindet sich mit uns – und wir sind nicht mehr allein, sind raus aus unserer Isolation. Scham ist also wie ein anaerobes Bakterium, das keinen Sauerstoff verträgt: Kommt es ans Tageslicht, ist es nicht überlebensfähig, geht es zugrunde.

> —— Wahrscheinlich ist dies eine der größten Herausforderungen von allen: Unsere Scham zu überwinden, uns zu zeigen und durch das Sich-Zeigen und Sich-Verbinden die heilsame und erlösende Erfahrung zu machen, dass wir nicht allein sind und uns verwandeln können. ——

Solange wir unsere Scham in uns tragen, halten wir uns davon ab, uns aus alten Mustern zu befreien. Bewusst oder unbewusst sind wir überzeugt, dass wir es gar nicht besser verdient haben, als in unserem Elend hängen zu bleiben. Sobald wir uns öffnen und diese Gefühle rauslassen, werden wir in gewisser Weise frei.

Für das Überwinden von Scham braucht es das Gegenüber, den anderen. Die Scham können wir nur bewältigen und überwinden, wenn sie ans Licht kommt. Insofern fließt auch dies häufig in einen gelungenen psychotherapeutischen Prozess mit ein, ist aber auch durch ein wahrhaftiges Miteinander im richtigen Leben zu erreichen.

Schuld bewältigen

Schuldgefühle haben einen schlechten Ruf – oft heißt es, dass wir diese doch einfach nur hinter uns lassen und uns davon nicht runterziehen lassen sollten. Andere sagen, »es habe doch eh keinen Sinn mehr«, »es sei ja schließlich vorbei«, »würde jetzt auch nicht mehr helfen«, etc.

Wir können uns selbst weiterbringen, wenn wir einen differenzierten Blick auf die Schuld werfen. Wichtig ist, dass wir uns in Bezug auf unser Leben im Hier und Jetzt die Frage stellen können, inwieweit wir aus unseren früheren Erfahrungen gelernt haben und heute andere Wege gehen oder andere Entscheidungen treffen können.

Schuldgefühle sind im Grunde immer dann angemessen und nachvollziehbar, wenn wir anderen Unrecht getan, Menschen verletzt oder wehgetan haben. Dann bringen diese uns dazu, unsere Handlungsweisen zu überdenken und ggf. den anderen um Verzeihung zu bitten, sodass Menschen wieder näher zueinander rücken, Gräben überwunden werden können – es kommt wieder zu Verbindung, wo die Verletzung vorher Menschen voneinander entfernt, diese getrennt hat. Damit diese Verbindung (wieder) zustande kommen kann, scheint es unabdingbar, dass der andere uns verzeiht bzw. vergibt – wir müssen uns vor allen Dingen aber auch selbst verzeihen. Bitte um Vergebung, aufrichtig gesprochene Worte der Entschuldigung können große Wirkung zeigen.

Schuldgefühle können sehr tief gehen und richtig an uns nagen, vor allem dann, wenn wir etwas getan haben, das für andere schlimme Konsequenzen hatte. Das Schlimmste ist wahrscheinlich, wenn wir den Tod von jemand anderem verursacht haben, z. B. durch einen Autounfall oder eine Unachtsamkeit. Es scheint kaum möglich, damit fertig zu werden. So ein Erlebnis hinterlässt ein schreckliches Gefühl der Machtlosigkeit und ist in seiner endgültigen Unumkehrbarkeit kaum auszuhalten. Ein solch dramatisches Erlebnis zu überwinden, ist wahrscheinlich nur möglich, wenn wir dies von einer übergeordneten, spirituellen Ebene aus betrachten. Und dennoch gibt es immer etwas, das wir tun können: Wir können versuchen, etwas ›wieder gut zu machen‹.

So gibt es den wundervollen Film ›Sieben Leben‹ mit Will Smith, in dem dieser sieben Menschen tötet und durch seinen eigenen Tod durch die Spende von sieben Organen sieben Menschen teils das Leben rettet, teils das Leben zumindest nachhaltig verbessert. Es gibt Menschen, die geläutert sind, nachdem sie einen spirituellen Wandel, ein spirituelles Erwachen erlebt haben. Dann kann es ihnen auch gelingen, etwas wieder gutzumachen. Wenn etwas Gutes daraus erwächst, macht es also in gewisser Weise wieder Sinn, sodass das schlimme oder schwierige Erlebnis wenigstens nicht umsonst war.

Long story short

Der Unterschied zwischen Scham und Schuld ist elementar – Schuld bedeutet: Ich habe etwas falsch gemacht. Scham bedeutet: Ich bin falsch.

Scham isoliert uns von anderen und kann nur in der Begegnung mit anderen wirklich geheilt werden. Hier ist es im eigentlichen Wortsinn notwendig, dass wir uns öffnen, zeigen und die Schamgefühle loslassen, damit wir frei werden.

Schuldgefühle sind im besten Fall ein Wegweiser zu guten Taten, die als Wiedergutmachung dienen können. Dann war es nicht umsonst.

Can-do list

Wofür schämen sie sich? Gibt es Dinge, die Sie noch nie jemandem erzählt haben und nie erzählen werden? Inwieweit hat das Einfluss auf Sie?

Womit haben Sie sich schuldig gemacht? Wie hat das Ihr Leben beeinflusst? Haben Sie sich um Wiedergutmachung bemüht? Wenn ja, hat es geholfen? Wenn nein, glauben Sie, dass es Ihnen helfen würde?

Wie gehen Sie damit um, wenn andere Ihnen von ihren Scham- oder Schuldgefühlen erzählen? Können Sie nachsichtig und großherzig sein? Wenn nicht, was hält Sie davon ab?

Schlüssel 19 – raus aus der Perfektionismusfalle

Ein sehr wichtiges, insbesondere die (innere) Welt von Frauen dominierendes Thema ist der Perfektionismus. Was ist Perfektionismus überhaupt? Heute wird sehr viel darüber geschrieben und gesprochen. Viele sagen, dass dieser uns sehr schadet, einengt, unfrei macht – es lohnt sich, etwas genauer hinzuschauen, sprachlich präzise zu sein.

Wenn ein Bauingenieur, ein Pilot, ein Schweizer Uhrmacher nicht perfektionistisch sind und millimetergenau arbeiten, stürzen im schlimmsten Fall Brücken ein, Flugzeuge ab, starten wichtige Countdowns nicht punktgenau, sterben Menschen. Auch wenn ich als Ärztin bei der Anweisung zum Spritzen eines Medikamentes ein Komma falsch setze und sich die Menge der verabreichten Substanz verzehnfacht, kann schlimmstenfalls jemand zu Schaden kommen. In diesen Fällen ist Perfektionismus erwünscht und macht Sinn.

Aber es gibt Bereiche, in denen der Perfektionismus uns im Weg steht und uns einengt. Wir wollen in manchen Dingen perfekt, also tadellos, makellos, hundertprozentig, unangreifbar sein, für die es sich bei genauem Hinschauen nicht lohnt, unsere ganze Energie einzusetzen.

Ringen um Wertschätzung

Wenn ich beispielsweise im Freundeskreis sage, dass ich »nun mal perfektionistisch bin und einfach nicht ertragen kann, wenn es an der Haustür klingelt und unverhofft Besuch kommt, da ich vielleicht gerade nicht aufgeräumt habe«, dann bringe ich mich um das Erlebnis, eine vielleicht sogar von mir geliebte Person zu treffen, und das nur, weil ich mich nicht vorbereitet fühle. Wenn wir in Stress geraten, nur weil wir die Wohnung für nicht präsentierbar halten und uns unserem Besuch gegenüber nervös und angespannt zeigen, bringen wir uns um ein schönes Erlebnis, um die Chance auf eine Begegnung. Welche erlernten Muster stecken dahinter? Welche Ängste werden da geschürt?

Glaube ich denn wirklich, dass mein Überraschungsbesuch sich daran stört, dass die Fenster nicht frisch geputzt sind oder eine Fluse in der Ecke liegt? Natürlich ist es schön, in ein halbwegs aufgeräumtes, helles und wohlriechendes Wohnzimmer zu kommen und ein solches vorweisen zu können. Wir wollen ja, dass unser Gegenüber sich wohl fühlen und entspannen kann. Wahrscheinlich trägt ein kleines bisschen Unordnung allerdings mehr dazu bei als eine perfekt gestylte und auf Hochglanz polierte Wohnung. Was haben wir zu verbergen? Was genau passiert, wenn jemand sieht, dass es nicht perfekt ist bei uns? Im Grunde lautet die unbewusste Gedankenkette: Bei uns zu Hause ist nicht alles perfekt (alternativ: am Arbeitsplatz), also sind wir nicht perfekt, also sind wir nicht liebenswert, also werden wir nicht wertgeschätzt und haben keine Daseinsberechtigung.

Das hört sich dramatisierend an, aber im Grunde steckt am Ende der Angstkaskade sehr häufig die Angst, zu sterben, natürlich überwiegend unbewusst.

Unbewusst sorgen wir also für unser Überleben. Wir behalten gefühlt die Kontrolle; und wenn jemand unangemeldet eindringt, verlieren wir diese Kontrolle. Wir geben die Fäden aus der Hand und liefern uns aus. So können Panik, Hilflosigkeit und Ohnmacht entstehen.

Dies gilt für all die anderen Bereiche in unserem Leben, nicht nur für diese kleinen, überschaubaren Dinge. Wir wollen die Kontrolle behalten, die Zügel in der Hand halten und machen das an allen möglichen und unmöglichen Dingen im Außen fest: Wir wollen super Arbeit abliefern, unseren Chef nicht enttäuschen, das perfekte Dinner kochen, unsere Gäste begeistern, die Top-Figur haben, unsere Männer stolz machen, in Form sein, gut frisiert und angezogen, nach Möglichkeit bei der Mani- und Pediküre gewesen sein … Ich möchte rufen: »Oh je, was ist das anstrengend – das hält doch kein Mensch aus!«

Auch hier lohnt es sich wieder, genauer hinzuschauen und zu fragen, wovor wir denn Angst haben. Im tiefsten Inneren ist es wieder die Angst, nicht dazuzugehören, ausgestoßen zu sein oder zu werden, auf uns gestellt zu sein.

> —— Es kann helfen, sich die Angst vor dem Ausgestoßensein, dem Nichtdazugehören, bewusst zu machen. ——

Weil diese Angst so tief sitzt, hat sie etwas existenzielles, bedrohliches. So werden Oberflächlichkeiten mit unangemessen starker emotionaler Ladung versehen, was einer Vergeudung von Kraft und Energie gleichkommt.

In diesem Sinne sind wir also selbst unsere ärgsten Feinde: Wir *selbst* sind diejenigen, die den allerhöchsten Anspruch an uns haben, wir *selbst* sind diejenigen, die vorne mit dabei sein, oben stehen, gut sein wollen. Wie tief sitzt die Angst, nur dann etwas Wert zu sein, wenn wir volle Leistung abliefern, die Besten sind. Wir erlauben uns im schlimmsten Fall keinen Stillstand, keine Mittelmäßigkeit. Im Grunde geht es dabei um die Themen Kontrolle, Macht und Autonomie. Solange wir in unserer Kraft stehen und alles aus eigener Kraft bewältigen können, haben wir nichts zu befürchten. Aber wehe, wenn das nicht gelingt. Dann fallen wir ins Bodenlose, fühlen Angst, Panik, Furcht.

Ist es denn nicht eine völlige Überfrachtung unseres Lebens, den Anspruch zu haben, dass wir alles perfekt hinkriegen, in allem gut sein müssen? Können wir nicht darauf vertrauen, dass es schon so gut ist, wie es ist, auch wenn wir uns kein Bein ausreißen, Purzelbäume schlagen oder Handstand mit Überschlag machen?

— Erst wenn wir einen Schritt zurücktreten, die Augen schließen, tief durchatmen und uns bewusst machen, dass wir gut sind, so wie wir sind, auch ungeachtet dessen, wie wir Dinge tun, auch wenn wir mal etwas verschludern oder bleiben lassen. Dann haben wir eine Chance darauf, in ein entspannteres, genügsameres, freundlicheres Fahrwasser zu geraten. —

»Außen hui, innen pfui«

Ein perfektionistisches Verhalten hat meist sehr tiefe und weit zurückreichende Wurzeln. Denken wir an unser Elternhaus zurück. Viele von uns wurden so erzogen: Man darf nichts Unerwünschtes nach außen tragen, alles findet hinter geschlossenen Türen, zugezogenen Gardinen statt und bleibt in den heiligen Mauern der Familie. Das nach außen Präsentierte hat perfekt zu sein. Man entscheidet autonom darüber, was man nach außen trägt, woran man die Außenwelt teilhaben lässt. Wahrscheinlich steckt die Angst vor Ablehnung, Kritik, Schmähung, Lästerei dahinter: Mit der Präsentation einer perfekten Welt macht man sich vermeintlich unangreifbar. So sorgt man dafür, vermeintlich geschützt, sicher und unangreifbar zu sein.

Faktisch ist das eine Illusion. Wer etwas finden will, um seine eigenen Unzulänglichkeiten und Unsicherheiten auf den anderen zu projizieren, wird das ohnehin tun; das Ganze hat also gar keinen Sinn. Wir haben die Außenwelt nie unter Kontrolle, so sehr wir uns das auch wünschen. Wer argwöhnisch, missgünstig und kleingeistig ist, wird immer etwas finden, an dem er etwas auszusetzen hat. Und wer freundlich, liebevoll und großherzig ist, schert sich nicht um Äußerlichkeiten.

Im Grunde geht es auf einer tieferen Ebene auch hier wieder darum, sich dem anderen so zu zeigen, wie man ist, mit allen kleinen und großen Unzulänglichkeiten, Makeln und Macken. Wenn wir nicht perfekt sind, Schwächen haben und Fehler machen, schämen wir uns und fühlen uns, als hätten wir etwas zu verbergen und zu verstecken.

Sehr wichtig an dieser Stelle ist auch, sich wieder das Prinzip ›im Großen wie im Kleinen‹ bewusst zu machen. Wenn wir uns der Thematik auf einer vermeintlich eher belanglosen oder an der Oberfläche liegenden Ebene annehmen, kann dies durchaus tiefer wirken und im Ganzen zu mehr Gelassenheit und Lockerheit führen.

Long story short

In manchen Bereichen ist Perfektionismus besser als sein Ruf, ist erwünscht und macht Sinn. Oft steht der Perfektionismus uns allerdings im Weg und engt uns ein. Wir wollen in Dingen perfekt sein, für die es definitiv nicht lohnt, seine ganze Energie einzusetzen.

Perfektionismus steht häufig unbewusst im Dienst der Angstabwehr: Wir haben Angst vor Kontrollverlust, vor dem Ausgestoßen-Werden, dem Nicht-Dazuzugehören. Wir haben Angst, uns in unserer Verletzlichkeit zu zeigen.

Wir können im Kleinen versuchen, unserem Perfektionismuswahn etwas entgegenzusetzen und damit einen riesengroßen Schritt Richtung Heilung und Befreiung tun, der sich segensreich auf unser ganzes Leben auswirken kann.

Can-do list

Wie sehen Ihre Perfektionismus-Stolpersteine aus? Sind Sie perfektionistisch im Kleinen, im Großen oder in beidem? An welchen Punkten macht Ihr Perfektionismus Sinn?

Glauben Sie, dass Ihre Ausrichtung in Ihrem Charakter oder in Ihrer Erziehung und Umwelt begründet ist? Sehen Sie Veränderungsbedarf? Glauben Sie, dass Sie sich verändern können? Wenn ja, wie können Sie sich helfen?

In welchen Bereichen erwarten Sie von anderen Perfektionismus? Ist das gerechtfertigt? Wie gehen Sie damit um, wenn Ihre Erwartungen nicht erfüllt werden?

Mut, neue Wege zu gehen

Um neue Wege einzuschlagen und unserem Leben eine neue Richtung zu geben, sind vertiefte Selbsterkenntnis und der Wille nach Weiterentwicklung und Veränderung zwar sehr gute Voraussetzungen, aber die Umsetzung scheint manchmal kaum oder auch gar nicht möglich zu sein.

»Auch eine Reise von tausend Meilen beginnt mit dem 1. Schritt« haben wir zwar alle schon mal gehört, es fällt aber unglaublich schwer, dies in die Tat umzusetzen.

In der Bewältigung kann es uns sehr helfen zu erkennen, was uns eigentlich davon abhält, den ersten Schritt zu gehen. Wir verstehen dann, wie groß die *Macht der Gewohnheit* und damit eben auch die *Macht der Vergangenheit* ist.

Diese Mächte haben uns sehr im Griff. Der Schritt nach vorne fühlt sich manchmal an wie freier Fall und macht Angst. Der Weg in eine neue, fremde Welt erzeugt, natürlich unbewusst, zunächst eine Leere, ein Vakuum. Man schwebt gleichsam im luftleeren Raum, wie ein Astronaut in einem Raumschiff, man hat keinen Boden mehr unter den Füßen. Das ist in verschiedensten Situationen denkbar, so z.B. auch für unseren Fisch (siehe Vorstellungsbild im Schlüssel 20: Selbstermächtigung, Seite 111), der in den Ozean schwimmt.

Aus meiner Erfahrung

Ich erinnere mich an eine Situation in meiner Jugend, als mein Vater, ein spät berufener »Alt-68er«, meinen liebenswerten Patenonkel, der vom Wirtschaftswunder der 1950er-Jahre geprägt war, von seinen neuen politischen Ansichten überzeugen wollte. Damals nahm ich genau dieses Phänomen bei ihm zum ersten Mal bewusst wahr. Das Bisherige hinter sich zu lassen, wäre für meinen Patenonkel nicht möglich gewesen, es hätte es ihn von seiner bisherigen Welt zu sehr entfernt und eben ein Vakuum erzeugt.

Das habe ich immer wieder beobachtet: So gut wie nie geht es nur um Ansichten, Meinungen, Haltungen, sondern praktisch immer um ein Gesamtpaket – welche Überzeugungen und Meinungen hängen damit zusammen? Verrate ich meine Eltern, meine Familie, meine Vorfahren, wenn ich mir grundlegend neue Ideen und Konzepte zu eigen mache? Meine hoch geschätzten Kollegen Roland und Dr. Sabine Bösel aus Wien, Paar- und systemische Therapeut*innen, drücken es so aus: »Neunzig Prozent dessen, was wir tun, tun wir aus Loyalität, 10% aus Liebe«.

— Wir kommen dann in unsere volle Kraft, wenn wir den Mut finden, an uns zu arbeiten, uns auf den Prozess der Verwandlung und Veränderung einzulassen. —

Dieser Prozess geht mit der Selbsterkenntnis und der Erlangung von Klarheit Hand in Hand. Der notwendige Mut kann durch die geweckte Sehnsucht zur Veränderung gestärkt werden.

Um neue Wege zu gehen, hilft es sehr, wenn Sie diesen Wunsch nach Veränderung in sich spüren, das verstandesmäßige Erfassen allein reicht nicht. Aber wie funktioniert das? In der Regel gelingt es, wenn wir Sehnsucht in uns wecken, weiterzukommen und freier zu werden.

Von Antoine de Saint-Exupéry stammt das hier etwas abgewandelte Zitat (aus »The wisdom of the sands«): »Willst du ein Schiff bauen, so lehre die Menschen nicht, Holz zu sammeln, sondern wecke in ihnen die Sehnsucht nach dem Meer.« Dies ist eine zentrale Erkenntnis: Erst die Sehnsucht nach dem anderen, dem ›Hinter-sich-Lassen‹ des Beschränkenden und Einengenden wird uns die Kraft und den Mut verleihen, eine Veränderung anzustoßen und unsere Angst zu überwinden.

Veränderung macht zunächst auch immer Angst. Wir brauchen also etwas, was den Mut größer werden lässt als die Angst. Dies ist ein Prozess.

DAS BILD VON DER UNTERSTRÖMUNG Dieser Prozess hat für mich sehr viel mit dem zu tun, was wir am Strand beobachten können, im ewigen Spiel der Gezeiten: Der unergründlich tiefe, im Grunde auch angstmachende, gewaltige Ozean bringt Ebbe und Flut – und im unendlichen, unermüdlichen Rhythmus der Natur werden unzählige Wellen an den Strand gespült, immer und immer wieder, endlos. Bei blauem Himmel und im Sonnenschein sehen diese oftmals mit Schaumkronen bedeckten Wellen wunderschön aus. Sie können kurz die Augen schließen und wahrnehmen, wie die feine zarte Gischt Ihr Gesicht benetzt. Dann öffnen Sie die Augen und beobachten, dass ein gewaltiger, extrem machtvoller Vorgang das Wasser wieder vollständig in den Ozean zurückzieht – die Unterströmung. Und diese ist tückisch, kraftvoll, zerstörerisch, ja lebensgefährlich.

Vergleichbares passiert uns allen sehr häufig, meist ohne dass uns das bewusst ist. Unsere Unterströmung ist die Vergangenheit, deren Dämonen uns jagen und verstören. Nichts macht uns mehr Angst als das. In der Regel gehen wir gar nicht erst ins Meer, weil wir uns dem nicht aussetzen wollen.

Wollen Sie lernen, auf den Wellen zu reiten, stellen Sie sich am besten vor, wie gut Sie sich fühlen werden und wie glücklich Sie sein werden, wenn Ihnen dies gelingt: Auf einem Surfbrett zu stehen, aufrecht, aber beweglich bleibend, das Gesicht der Sonne entgegenstreckend, mit dem Spiel der Wellen gehend, auf diesen tanzen könnend – wohl wissend, dass tief unten die Unterströmung unablässig arbeitet. Ihnen ist die Gefahr der Unterströmung bewusst, aber Sie entscheiden sich dafür, auf den Wellen zu bleiben und sich nicht davon runterziehen zu lassen. Sie entscheiden sich für die Sonne, die Bewegung, die Kraft.

Dann reicht es, wenn Sie sich in geschütztem Rahmen die alten Bilder und Gespenster anschauen. Dafür müssen Sie nicht Ihr Leben riskieren. Sie dürfen oben auf den Wellen bleiben und genießen, Stärke und Freude empfinden! Wenn Sie verstehen, dass das Reiten auf den Wellen, das Einschlagen neuer Wege, die Veränderung zunächst immer Angst machen, ist schon viel gewonnen.

Viele von uns lassen die Veränderung dann lieber gleich bleiben, weil uns das Risiko zu groß zu sein scheint, weil wir nicht wissen, was uns erwartet, weil wir es uns nicht zutrauen.

Aus meiner Erfahrung

Meine Erfahrung aus der Praxis ist, dass wir jeden Tag viele kleine Entscheidungen treffen, und dass es genau auf diese ankommt. Die Summe genau all dieser vielen kleinen Entscheidungen beeinflusst unser Leben viel stärker, als wir uns bewusst machen.

Schlüssel 20 – Selbstermächtigung

Wenn wir in unsere Kraft kommen wollen, muss der Wunsch nach Veränderung die Macht der Gewohnheit übertreffen. Die Gewohnheit entfaltet einen Sog, der stärker ist als alles andere – Gewohnheit ist die stärkste Macht überhaupt! Sie gibt uns Sicherheit, diese ist jedoch oftmals trügerisch und vergiftet. Sie trägt dazu bei, dass unsere dysfunktionalen Strukturen aufrechterhalten werden.

Dieser Prozess läuft in der Regel unbewusst ab, deshalb sind wir dem in gewisser Weise ausgeliefert und können erst einmal nichts tun. Solange wir es uns nicht bewusst machen, hat die Gewohnheit Macht über uns und wir verstehen nicht, was abläuft.

Je belastender und schwieriger das in der Vergangenheit Erlebte ist, desto stärker wiegt die Bürde im Hier und Jetzt. Gerade dann, wenn wir schlimme, verstörende Erfahrungen gemacht haben, haben wir diese tief in uns vergraben. Im Verborgenen treiben diese ihr Unwesen und wühlen in uns, ob wir wollen oder nicht.

Vieles spricht für die These, dass wir unbewusst nach (Beziehungs-) Strukturen suchen, die wir kennen und erlernt haben, einfach deshalb, weil wir uns darin *sicher* fühlen, aber tragischerweise auch dann, wenn uns diese nicht guttun. Wenn z. B. ein Mädchen miterlebt hat, wie die Mutter vom Vater geschlagen wurde, sucht die junge Frau sich ›erstaunlicherweise‹ unbewusst später auch einen Mann, der sie schlägt. Natürlich ist am Anfang nicht ersichtlich, dass sich die Beziehung in diese Richtung entwickeln kann, es macht erst einmal keinen Sinn. Es gibt aber einen tieferen Grund: Die junge Frau kennt es sozusagen, dieses Muster ist gleichsam der Stoff, aus dem sie gemacht ist, sie hat es mit der Muttermilch aufgesogen. Die gewohnten Muster sind uns vertraut, darum geben diese uns perfiderweise eine Art von Schutz, auch wenn dieser trügerisch ist.

Diesen Prozess nennt man *Reinszenierung:* Unbewusst reinszenieren wir tief in uns vergrabene Bindungsmuster und -erfahrungen. Durch das ›Wieder-ins-Leben-Rufen‹ werden diese Muster reaktualisiert. Das, was uns in der Vergangenheit fertig gemacht hat, kommt mit voller Wucht in unser Leben zurück. Und dieses Erleben, die aktuellen Probleme und schwierigen zwischenmenschlichen Situationen bekommen große Macht über uns. Es scheint so, als wären wir über unsichtbare feine Kanäle in die Vergangenheit zurückkatapultiert worden. Genau das macht es so böse, so maligne – die Bindung des im Hier und Jetzt aktuell Erlebten an die Gefühle der Vergangenheit, als wir noch abhängige, ausgelieferte, machtlose Kinder waren.

Eben darum ist es so schrecklich, weil die aktuellen Erlebnisse uns unbewusst an das früher Erlebte erinnern und wie über eine Zündschnur unsere kindliche Szene in Flammen setzen, die von Hilflosigkeit, Ohnmacht, Machtlosigkeit, teils Entsetzen, Verzweiflung, kaltem Grauen geprägt war – und wir nun unbewusst in diesen kindlichen Zustand der Macht- und Hilflosigkeit hineinschlittern.

»Nichts ist schlimmer als der nackte Horror der Kindheit« sagt Klees. Wir möchten einerseits alles tun, um zu verhindern, dass wir diesen

Horror nochmal erleben. Zugleich sucht das Erlebte sich den Weg in unser Bewusstsein zurück – und genau das halten wir nicht aus. Aus diesem Grund wenden wir den Blick nicht nach Innen und setzen uns nicht mit uns selbst auseinander, sondern projizieren unablässig auf unsere(n) Partner, unsere Eltern, die Gesellschaft, den autoritären Chef, den blöden Schalterbeamten, den gruseligen Nachbarn oder die zickige Kollegin.

> — Das Schreckliche ist also im Grunde nicht das aktuell Erlebte an sich, sondern es sind die daran gekoppelten ALTEN Gefühle. —

Besonders deutlich wird das auch bei Liebeskummer. Jeder hat schon mal Liebeskummer gehabt, eine wirklich schwierige, teils schreckliche Erfahrung – gefühlt lebensbedrohlich. Existenziell wird dieser jedoch dann, wenn man nicht genügend sichere Bindungserfahrungen gemacht hat, nicht genügend Halt gebende innere sichere Bilder da sind. ›Liebeskummer ist Lebenskummer‹ – wenn beispielsweise Ihre Eltern getrennt sind, weil Ihr Vater Ihre Mutter verlassen hat, dann wird Sie das unwiderruflich prägen. Je nach Typ und Struktur werden Sie alles dafür tun, so etwas nicht selbst zu erleben – etwa indem Sie klammern, oder auch indem Sie quasi prophylaktisch gehen, um bloß nie in die Situation zu kommen, selbst verlassen zu werden.

Ganz besonders schrecklich ist der Suizid eines Elternteils, natürlich aus vielen verschiedenen Gründen. Im Hinblick auf Partnerschaft bringt vor dem Hintergrund einer solch extrem schmerzhaften Erfahrung eine Trennung, das Verlassenwerden diesen unglaublichen, kaum aushaltbaren Schmerz wieder zurück – dann bedarf es viel Unterstützung durch andere.

Bewusstes Wiedererleben

Die große Chance besteht darin, in dem bewussten Wiedererleben diesmal andere Entscheidungen treffen zu können. Dies ist allerdings unglaublich schwer und scheint manchmal gar nicht möglich zu sein. Je schlimmer das Erlebte, desto heftiger auch der Fall ins Bodenlose im Moment. Dieser freie Fall geht genau so lange, bis wir dem Einhalt gebieten und uns bewusst machen, dass nur wir selbst die Macht haben, diesen freien Fall zu stoppen, da unsere Gefühle von bodenloser Ohnmacht und Überwältigung im Grunde nicht unserem aktuellen Gegenüber gelten, sondern an einen ganz anderen Ort, zu jemand anderem gehören.

> — Um uns an diesen Ort unserer tiefsten Angst zu begeben, muss eine innere Notwendigkeit dafür vorhanden sein, sonst ist die Abwehr gegen die Konfrontation zu groß. —

Dies ist die Situation, in der die meisten Hilfe benötigen, wobei zunächst zweitrangig ist, ob diese professionell oder nicht professionell ist.

Was kann uns dabei helfen, diesen Weg zu gehen? Wahrscheinlich muss irgendwas tief in unserem Inneren ›Ja‹ dazu sagen, dass es uns gut gehen darf. Gerade, wenn wir früher Schlimmes erlebt haben, kann es sein, dass wir ganz tief in uns drin glauben, dass wir es nicht verdient haben, glücklich zu sein. So boykottieren wir unbewusst, dass wir ein gutes, erfülltes Leben führen.

DAS BILD VOM FISCH Schauen wir uns einen Fisch an, der ins trübe Hafenbecken hineingeboren ist – er kann die Vorstellung davon, in den schönen Ozean mit all den bunten Korallen und Fischen hinauszuschwimmen, kaum aushalten! Kommt ein Fisch vorbei, der ihn mit dorthin nehmen will, bekommt er regelrecht Angst. »Nein, das ist nicht für mich, das kann doch gar nicht sein, das kenne ich nicht, so bin ich nicht, das hab ich nicht verdient, in unserer Familie war noch nie jemand da draußen.«

Das Schöne, das Neue macht Angst, weil man nicht darauf vertraut, frei nach dem Motto, lieber bei dem Alten, Grauen bleiben, das man wenigstens kennt, als an etwas Wunderschönes herangeführt werden, das man ja unter Umständen nicht behalten oder festhalten kann. Der Horror, etwas Schönes wieder zu verlieren, ist für die meisten viel größer als der, es gar nicht erst gehabt zu haben. Das ist übrigens auch der Grund dafür, warum viele Beziehungen nicht wirklich tief gehen – oder, wie ein Freund von mir es ausdrückte, warum viele im letzten Moment abbiegen, wenn es wirklich ernst wird – zu groß ist die Angst vor dem Wunderbaren, auch wenn sich das absurd bzw. kontraintuitiv anhört.

Um bei unserem Fisch zu bleiben: Erst dann, wenn das Vertrauen größer ist als die Angst, kann der Fisch in den Ozean schwimmen! Er wird beim ersten Mal trotzdem voller Angst sein, der Sache nicht trauen, aber er wird fasziniert sein von den schönen Farben, Formen, der neuen Welt – und vielleicht einen Fisch treffen, der ihm freundlich zulächelt. Er wird nach ein paar Minuten zurück in den Hafen schwimmen, aber wenn es ihm am nächsten Tag gelingt, den Prozess des Haderns und Kämpfens abzukürzen und wieder loszuschwimmen, wird er sich schon etwas leichter tun, etwas länger bleiben. Dann ist er auch nicht mehr ganz so angespannt.

An Tag drei geht es noch leichter, und so weiter, und so weiter … Ganz allmählich realisiert unser Fisch, dass er doch jetzt schon zwei Stunden im Reich der bunten Fische und Korallen ist, sich wohlfühlt – und vielleicht hat er schließlich eigentlich keine Lust mehr, in den trüben grauen Hafen zurückzukehren.

Was kann unserem Fisch helfen, seinem Weg treu zu bleiben? Sicher, tolle und freundliche, bindungsfähige Fische im Ozean helfen und erhöhen die Attraktivität der anderen Seite. Entscheidend wird aber der Impuls tief im Inneren sein, daran zu glauben, dass er es verdient hat, dass es in Ordnung ist, loszuschwimmen, und vor allem auch, die Schuldgefühle und das schlechte Gewissen der Hafenfamilie gegenüber zu überwinden. Das ›Hinter-sich-Lassen‹ kann sich schlimmstenfalls wie Verrat anfühlen!

— Veränderung und Entwicklung sind dann möglich, wenn zumindest eine Spur Vertrauen da ist – in uns selbst, unser Schicksal, unsere höhere Macht. Dies ist die Grundvoraussetzung. —

Auch wenn es Ihnen so vorkommen mag, dass Sie dies verloren haben: Sie dürfen davon ausgehen, dass diese Spur Vertrauen da ist, sonst hätten Sie es gar nicht bis hierhin geschafft. Stärkung, Bekräftigung und immer wieder Ermutigung können die kleine Flamme des Vertrauens schließlich wieder anfachen. Wir brauchen jemanden, der uns immer wieder Mut macht und da ist. Sie können dies bei jemandem finden, den Sie aus Ihrem richtigen Leben kennen, oder auch bei einem Profi. Sie werden auf jeden Fall davon profitieren, sich zu öffnen und einen Resonanzkörper zu finden.

So werden auch Sie wieder Vertrauen in sich spüren und Ihren Weg gestärkt weitergehen können. So werden Sie sich selbst ermächtigen und voranschreiten können.

Long story short

Die Gewohnheit hat eine sehr starke Macht über uns und gibt uns eine trügerische Sicherheit. Aus dieser Gewohnheit heraus reinszenieren wir tief in uns vergrabene Bindungsmuster und -erfahrungen und holen dadurch die gemachten schwierigen Erfahrungen wieder in unser Leben zurück (Reaktualisierung). Diese kommen mit voller Wucht in unser Leben zurück.

Die Kopplung des in der Gegenwart Erlebten an die Gefühle der Vergangenheit, als wir noch abhängige, ausgelieferte, machtlose Kinder waren, macht es so schrecklich. Die aktuellen Erlebnisse erinnern uns unbewusst an das früher Erlebte und setzen wie eine Zündschnur unsere kindliche Szene in Flammen, die schlimmstenfalls von Hilflosigkeits-, Ohnmachts- und Machtlosigkeitserleben geprägt war. So schlittern wir unbewusst erneut in diesen kindlichen Zustand.

Die Lösung ist, uns diese Dinge bewusst zu machen und irgendwo in unserem Innen an die Stelle anzudocken, wo wir unser Vertrauen vergraben haben. Auch wenn Sie das Gefühl haben, dass Sie das verloren haben – es kann mit Liebe und Geduld immer wieder hervorgeholt werden, auch durch ein empathisches und verlässliches Gegenüber.

Can-do list

Wann haben Sie etwas Entsprechendes erlebt? An welchen Punkten merken Sie, dass Sie immer in dieselbe Falle tappen?

Haben Sie schon einmal bewusst wahrgenommen, dass sich alter Schmerz in eine neue Situation gemischt hat? Wie sind Sie damit umgegangen? Glauben Sie, dass das Durchblicken dieser Prozesse Ihnen helfen kann?

Lesen Sie sich die Geschichte vom Fisch nochmal durch und lassen sie auf sich wirken: Kennen auch Sie diese Gefühle, es im Grunde nicht verdient zu haben, ein glückliches, unbeschwertes Leben zu führen? Glauben Sie, dass Ihre Daseinsberechtigung an etwas gekoppelt ist, wie z. B. das Abtragen einer Schuld? Würden Sie gerne im schönen Ozean leben und merken, dass es Sie immer wieder zurückzieht?

Schlüssel 21 – Entscheidungen treffen

Mit klarem Kopf und offenem Herzen Entscheidungen zu treffen, ist wohl ein grundlegender Schlüssel zur Gestaltung unseres Lebens. Dies kann uns Wege ebnen und viele Türen aufschließen. Wir treffen Entscheidungen und schlagen dadurch neue Wege ein. Wenn wir beginnen, uns und unsere Handlungen zu reflektieren und bewusste Entscheidungen zu treffen, können wir uns in die für uns passende Richtung bewegen. Dies kann anstrengend sein und Überwindung kosten, aber hier zeigt sich, wohin unser Weg führt.

Große Entscheidungen

Dies gilt zunächst für die großen Entscheidungen des Lebens. Wenn wir jung sind, stellen wir uns folgende Fragen: Wie wollen wir leben? Wollen wir sesshaft werden, einem geregelten Beruf nachgehen, heiraten und Kinder kriegen? Oder wollen wir frei sein, die Welt erkunden, andere Kulturen kennenlernen, unabhängig arbeiten? In einer späteren Lebensphase fragen wir uns, ob wir immer so weiterleben wollen, in dieser Partnerschaft, in diesem Beruf, an diesem Ort. Noch später werden die Fragen noch drängender, weil uns die Endlichkeit bewusst wird: Will ich nicht doch in die Stadt zurückgehen? Oder nicht doch nochmal ganz was Neues anfangen? Will ich vielleicht mein Haus verkaufen, meine Wohnung aufgeben und in einem Camper um die Welt ziehen, oder zumindest durch Europa?

Wenn wir einen bestimmten Weg einschlagen, beinhaltet das zugleich, etwas anderes hinter uns lassen; dies kann uns schon mit ziemlicher Ehrfurcht erfüllen.

> Niemand von uns weiß, wie unser Leben verlaufen wäre, wenn wir andere Entscheidungen getroffen hätten; wir können es nur ahnen. Insofern gehört ein gewisser Mut dazu, Entscheidungen zu treffen.

Mit diesen gefällten Entscheidungen hadern wir in der Regel nur dann, wenn wir dort, wo wir sind, unzufrieden oder unglücklich sind. Dann fragen wir uns, ob wir uns nicht besser anders entschieden hätten. Sie stehen heute an dem Punkt, an dem Sie stehen, weil Sie in früheren Zeiten Entscheidungen getroffen und einen Weg eingeschlagen haben. Hätten Sie sich damals anders entschieden, wären Sie heute jemand anderes und würden anders darüber denken.

In ›Alice im Wunderland‹ ist es passend formuliert: »Es ist sinnlos, zurückzugehen, denn da war ich jemand anderes« (im Original: »It's no use going back to yesterday, because I was a different person then«). Insofern ist es wahrscheinlich eine Illusion, von falschen Entscheidungen zu sprechen. Wir treffen Entscheidungen und gehen dadurch Wege und kommen an bestimmten Punkten an. Wir wissen nicht, wo wir wären, wenn wir andere Wege eingeschlagen hätten – wir können es nicht wissen. Wir stellen uns vielleicht vor, dass es besser gewesen wäre, in der alten Beziehung zu verbleiben, doch Kinder gekriegt zu haben, sich doch für den anderen Beruf, den anderen Wohnort entschieden zu haben, aber:

Auch wenn es auf der Hand zu liegen, die Sachlage eindeutig zu sein scheint: Wir wissen nicht, wo wir wären, wenn wir den anderen Weg genommen hätten. Was wir aber wissen können: Das Gefühl der falschen Entscheidung zeigt uns vor allem, dass wir im Hier und Jetzt unglücklich sind.

Das Hadern mit der Vergangenheit, mit der vermeintlichen Fehlentscheidung, raubt uns Kraft und Energie. Dies schwächt uns und macht uns im Grunde noch unglücklicher, da es uns vom Hier und Jetzt wegbringt.

Das Angst vor ›falschen‹ Entscheidungen kann uns lähmen und ggf. davon abhalten, überhaupt irgendwelche Entscheidungen zu treffen. Keine Entscheidung ist jedoch auch eine Entscheidung – meist wird dann das Aktuelle beibehalten, oder jemand anderes trifft eine Entscheidung für uns. Insofern gilt auch hier, dass wir gut daran tun, auf uns, unser Leben und unser Schicksal zu vertrauen. Oft verstehen wir ja erst im Rückblick, warum wir mit bestimmten Dingen so gehadert haben.

Kleine Entscheidungen

Was uns auch helfen kann ist die Erkenntnis, dass es im Grunde die unzähligen Mini-Entscheidungen des Alltags sind, die unsere Welt mitgestalten und formen. Wir können in der Gegenwart viele kleine Entscheidungen treffen, neue Wege einschlagen – jeden einzelnen Moment, hunderte Male, jeden einzelnen Tag.

Wir können jederzeit, überall, zu jeder Gelegenheit, in jedem Moment Entscheidungen treffen, gut sein oder nicht, freundlich sein oder nicht, hilfsbereit sein oder nicht, das Gute füttern – oder eben nicht.

Aus meiner Erfahrung

Für mich war einer der Schlüsselmomente meines Lebens der, an dem ich verstand, dass ich mein Leben durch viele kleine Entscheidungen präge. Oft fällte ich diese überwiegend unbewusst und automatisiert, nicht immer gereichten mir diese zum Guten. Das erste bewusste Treffen einer guten, mir dienenden Entscheidung machte mir fast ein bisschen Angst. Es war ungewohnt und neu und wich vom ›normalen‹ Schema ab. Das Bewusstwerden hat mir auch hier sehr geholfen.

Entscheidungen zu treffen kann sich also erst einmal ungewohnt und neu anfühlen, aber es lohnt sich. Mut und Vertrauen werden in der Regel belohnt.

Long story short

Entscheidungen zu treffen ist ein grundlegender Schlüssel zur Gestaltung unseres Lebens. Es gehört ein gewisser Mut dazu, Entscheidungen zu treffen, da wir immer auch etwas hinter uns lassen.

Mit bereits getroffenen Entscheidungen hadern wir in der Regel nur dann, wenn wir dort, wo wir sind, unzufrieden oder unglücklich sind. Wir können nicht wissen, wo wir wären, wenn wir andere Wege eingeschlagen hätten.

Es sind im Grunde die unzähligen Mini-Entscheidungen des Alltags, die unsere Welt mitgestalten und formen. Es sind die vielen kleinen Entscheidungen im Hier und Jetzt, in jedem einzelnen Moment, die über unseren Alltag entscheiden und diesen prägen.

Can-do list

Tun Sie sich schwer damit, Entscheidungen zu treffen? Gilt dies vor allem für große oder eher für kleine Entscheidungen?

In welchen Punkten haben Sie das Gefühl, falsche Entscheidungen getroffen zu haben? Woher wissen sie, dass es wirklich eine falsche Entscheidung war?

Falls Sie mit Entscheidungen Schwierigkeiten haben – was kann Ihnen dabei helfen, das zu ändern? Könnten Sie sich vorstellen, jemand anderen um Hilfe zu bitten?

Schlüssel 22 – Perspektivenwechsel

Wenn wir neue Wege gehen, tun sich uns zwangsläufig neue Perspektiven auf. Wir lernen, anders auf uns, unser Leben und unsere bisherigen Erfahrungen, aber auch auf die Menschen um uns herum zu schauen.

Gerade dann, wenn ziemlich viel durcheinandergewirbelt wird, kommt es uns so vor, als sei früher alles irgendwie besser, einfacher und überschaubarer gewesen. Dies gilt sowohl in Bezug auf unser Innenleben als auch in Bezug auf gesellschaftliche Bedingungen. Im Moment, im Jahr 2023, fühlen sich die Veränderungen extrem an: die Pandemie, der Krieg in der Ukraine, die Preisexplosionen, die Klimakrise – wir denken, das hat es so in dieser Form noch nicht gegeben.

Ist unser Leben wirklich so anders geworden oder scheint es nur so? Wahrscheinlich gilt beides. Ja, die Bedingungen haben sich tatsächlich geändert – alles wird enger, dichter, intensiver, mittlerweile leben doppelt so viele Menschen auf der Erde wie vor knapp 50 Jahren, die neuen Technologien helfen und überfordern uns zugleich, die Auswirkungen des Klimawandels werden spürbarer und bedrohlicher. Dennoch sind wir Menschen wahrscheinlich genau die gleichen wie vor 2000 Jahren. Auch vor 2000 Jahren gab es Denker und Fühler, Leader und Mitläufer, Gestalter und Folgsame, Selbstbewusste und Selbstunsichere. Aber die Bedürfnisse nach Zu-(sammen-)gehörigkeit, Anerkennung und Liebe waren früher genauso vorhanden wie heute – je nach Naturell, bei den einen mehr, bei den anderen weniger.

> — Die Lebensbedingungen, politischen Verhältnisse und Strukturen ändern sich, aber die Menschen bleiben gleich. —

In dem wunderbaren Buch »Muscheln in meiner Hand« beschreibt die Autorin Anne Morrow Lindbergh sinngemäß folgende Szene: »... es ist heutzutage alles so anders geworden – die Leute hetzen nur noch aneinander vorbei, niemand nimmt sich mehr Zeit, ist mit seinem eigenen Kram beschäftigt; früher saß man nochmal auf dem Marktplatz zusammen und hielt ein Schwätzchen, und heute, in diesen hektischen Zeiten, spricht keiner mehr mit dem anderen.« Dieses Buch wurde tatsächlich nicht zu Beginn unseres Jahrtausends, sondern in den 50er-Jahren des letzten Jahrhunderts geschrieben und Anne Morrow Lindbergh lebte nicht in New York City, sondern in einem verschlafenen Örtchen an der amerikanischen Ostküste.

Es kann uns helfen zu verstehen, dass wir Menschen bestimmte Grundbedürfnisse haben, die nicht an die äußeren Umstände geknüpft sind. Und es kann uns helfen zu verstehen, dass unabhängig von den Bedingungen und Lebensumständen immer noch eine innere Freiheit vorhanden ist, auf ebendiese Umstände zu reagieren. Wir sind zwar von den Bedingungen geprägt und beeinflusst, haben aber immer noch Spielraum.

> — Wichtig ist also vor allem, wie wir auf die Bedingungen reagieren und dass wir uns immer bewusst machen, dass wir frei sind, Entscheidungen zu treffen. Wenn wir die Umstände anklagen, geben wir diesen die Macht über uns bzw. den Schlüssel zu unserem Glück. —

Wir geben unser Schicksal in die Hände der Umstände und damit entmächtigen wir uns.

Wir haben die Tendenz, Dinge miteinander zu verknüpfen und in kausale Zusammenhänge zu bringen. Weil dies und das so ist, kann ich dies und das (noch) nicht machen, gar nicht machen, oder, oder … erst wenn dies, das oder jenes eingetreten ist, kann ich mich darum kümmern. Immer sind die Umstände schuld. Wir meinen, in dieser lauten, hektischen Welt nicht zur Ruhe zu kommen. Wahrscheinlich gilt aber: Unser Problem sind nicht Zeiten an sich, sondern unsere Reaktion darauf. Wir werden nie zufrieden sein, wenn wir immer die Umstände anklagen, in denen wir leben.

Neue Positionierung

Aber was können wir denn machen, um so zu leben, wie wir es für richtig halten? Wahrscheinlich hilft es schon sehr, sich klarzumachen, dass wir alle ›die Gesellschaft‹ sind. Wenn wir auf die Gesellschaft schimpfen, vergessen wir meist, dass auch wir diese mit beeinflussen und formen, ein Teil dieser sind. So ähnlich ist es auch mit dem Stau auf der Autobahn: Wir schimpfen auf den Stau, aber wir stehen mit unserem Auto im Stau und sind somit ein Teil des Staus.

Sie können sich jeden Tag positionieren und neu ausrichten. Sie können sich überlegen, wie Sie leben wollen und entsprechend handeln, mit sich selbst und mit anderen. Sie denken häufig, dass Sie erst bestimmte Positionen erreichen, Berufe ergreifen müssen, etc., um etwas zu erreichen. Aber das ist nicht richtig.

In dem wunderbaren Buch »Prognose Hoffnung – Von Liebe, Medizin und Wundern« erzählt Dr. Bernie Siegel, dass er immer wieder von Patienten angesprochen würde. Diese würden ihn fragen, wie sie es wohl schaffen könnten, seinen Beruf als Arzt und (quasi) Psychotherapeut zu ergreifen bzw. seinen Werdegang zu imitieren, um anderen helfen zu können. Bernie erwiderte diesen Fragenden: »Gehen Sie dorthin, wo Sie leben, arbeiten und wirken, und fangen Sie genau da an.«

Wir können alle Freundlichkeit, liebevolle Fürsorge, Zuwendung und Empowerment leben, auch wenn wir dies nicht direkt in unser Berufsbild integriert haben. Entscheidend ist, dass wir dies in unser Bild *von uns selbst* integriert haben, damit wir es leben können. Wenn wir das fühlen, können wir es überall und jederzeit im Übermaß verschenken, ohne selbst je auf dem Trockenen zu sitzen.

Vielleicht ist es sogar wichtiger, dass es solche freundlichen, offenen, liebevollen Menschen auch in der tendenziell etwas raueren Geschäftswelt gibt. Vielleicht ist es gerade in dieser Welt noch wichtiger als anderswo, menschlich zu sein. Und ganz ehrlich: Gerade in der institutionalisiert sozialen und freundlichen Welt, auch in meiner Berufsgruppe der Ärzt*innen und Psychotherapeut*innen, unter Lehrer*innen, Sozialarbeiter*innen und -pädagog*innen oder bei Erzieher*innen kann man so manche unangenehme Überraschung erleben. Wir nehmen alle an, dass wir Meister der kommunikativen und sozialen Kompetenz sind, sind es aber oftmals mitnichten, zumindest nicht per se durch das Erlangen eines Berufes. Uns allen täte oft ein bisschen mehr Handfestigkeit, Klarheit, Bodenständigkeit gut.

Zudem ist in Wirklichkeit auch diese ›ach so soziale‹ Welt ein knallhartes profitorientiertes und gewinnmaximiertes Geschäft. Die ›Head-ofs‹ der Wohlfahrtsverbände gehören mit Sicherheit zu den besser Verdienenden im Lande und Krankenhäuser sind heute in erster Linie Wirtschaftsunternehmen, um nur zwei Beispiele herauszustellen. Es macht Sinn zu überlegen, was man als Einzelne(r) tun kann, um diese Strukturen aufzuweichen und mitzugestalten. Sie können in die Politik gehen, in die Aufsichtsräte oder sonstwie aktiv werden. Oder Sie tun das, was Sie können mit dem, wer Sie sind und was Sie haben, da, wo Sie sind. Sie können ein Ehrenamt ausüben, was im Übrigen nachgewiesenermaßen zum persönlichen Glück beiträgt, da man Gutes tut und dieses Tun als sinnhaft erlebt – eine echte Win-win-Situation.

Eine ehemalige Patientin, Charlotte, hat jenseits ihrer ersten Ausbildung ein Psychologie-Studium angefangen mit dem Fernziel, Psychotherapeutin zu werden. Sie hat sowohl auf persönlicher Ebene als auch vom eigentlichen Berufsbild her definitiv das Zeug dazu.

Auch wenn ich davon ausgehe, dass sie es schaffen kann: Die Annahme, dass man nur dann anderen helfen kann, wenn man seine Fähigkeiten professionalisiert hat, ist falsch. Charlotte ist bereits jetzt eine Institution: Sie ist in verschiedenen Vereinen und den Schulen ihrer beiden Söhne sehr engagiert und hat sich dort bereits einen Namen als ›Seelsorgerin‹ gemacht. Andere kommen zu ihr und bitten sie um Rat. Sie ist liebevolle Mutter und Ehefrau und in ihrer Tätigkeit als Architektin gut aufgestellt. Aber sie leidet an einer chronifizierten Migräne, was eine Belastung darstellt. Meine Sorge ist, dass sie sich mit diesem Riesenberg einfach viel zu viel zumutet. Sie ist schon viel weiter als ihr bewusst ist; das andere braucht sie gar nicht zwingend.

Natürlich ist es prima, wenn man Sachen umsetzt, die man sich vorgenommen hat, wenn man für Ziele und Ideen kämpft, Visionen entwirft und diese verfolgt. Auch hier ist es aber wahrscheinlich auch eine Frage des Maßes: Wenn wir es übertreiben, tappen wir in die Falle der Selbstoptimierung.

Gefahr der Selbstoptimierung

Die Gefahr, in die sog. Selbstoptimierungsfalle zu laufen, ist heute vielleicht ganz besonders groß. Ich denke, dass in dieser Tendenz zur Selbstoptimierung eine große Gefahr lauert – oder gleich mehrere: Geben wir uns, wie schon erläutert, der ›Wenn-dann-Falle‹ hin: Erst, wenn ich Ziel XY erreicht habe, geht es mir gut, bin ich erfüllt, etc. … Meine Erfahrung ist, dass das so gut wie nie funktioniert, weil wir dann unsere innere Befindlichkeit an etwas im Außen knüpfen.

In Wirklichkeit ist es umgekehrt: Wenn wir bei uns selbst anfangen, in unserem Inneren, wenn wir uns mit unserer Angst, Trauer, Scham und Wut, unserer Verzweiflung auseinandersetzen und annehmen, was wir nicht ändern können, merken wir, dass sich die Welt da draußen verändert hat.

In Wirklichkeit hat sich jedoch nicht die Welt verändert, sondern wir selbst haben uns verändert. Wir blicken anders auf die Dinge, haben eine andere Perspektive eingenommen; damit ändert sich in gewisser Weise unsere Welt. Wir verändern uns, entwickeln uns weiter und die Welt verändert sich mit uns.

Der ›Du-kannst-alles-erreichen-wenn-du-nur-willst-Hype‹ ist an bestimmten Punkten – zumindest für manche Menschen – regelrecht gefährlich. Was machen denn diese Leute, wenn sie das angestrebte Ziel nicht erreichen? Es kommt ein Gefühl des Versagens auf, des Scheiterns, das Gefühl, schon wieder einmal abgehängt zu sein, nicht dazuzugehören. Hinzu kommen Gedanken wie »selbst dazu bin ich zu doof«, »selbst das hab ich nicht geschafft, obwohl ich es so sehr wollte«, »was ist denn bloß mit mir los, ich bin einfach der komplette Versager«.

Mir geht es keinesfalls um ein ›Schuster-bleib-bei-deinen-Leisten-Denken‹, sondern schlichtweg darum, so zu leben, wie es uns mit unseren Anlagen und Talenten entspricht. Für mich macht es Sinn, dass wir das Leben leben, das zu uns passt, ohne dass wir uns verbiegen und übermäßig verausgaben müssen. Dass wir das Gefühl haben, an dem Ort richtig zu sein, an dem wir sind, mit dem, was wir sind – mit uns im Einklang und im Frieden.

Ein schöner Nebeneffekt ist, dass es für die Menschen um uns herum auch am besten ist, wenn wir zufrieden und glücklich mit dem sind, was wir sind und was wir tun.

Was sage ich also meiner nebenberuflichen Psychologiestudentin Charlotte? Ich helfe ihr dabei, hinter ihre eigenen Kulissen zu schauen, ihre bewussten und vielleicht auch unbewussten Motive zu ergründen, die Entscheidungen von allen Seiten zu beleuchten und dann in sich hineinzufühlen. Um was geht es wirklich? Will sie endlich irgendwo ankommen, einen festen Platz haben? Hat sie diesen denn nicht schon längst? Erhofft sie sich unbewusst mehr Ansehen, Reputation? Möchte sie vielleicht auch besser verdienen? Dieser Prozess der Selbsterkenntnis hilft in jedem Fall, mehr Klarheit zu erlangen.

Jetzt sind Sie dran

Auch Sie können Ihre ungelösten Konflikte auf diese Art und Weise angehen. Sie brauchen dafür nicht unbedingt einen Profi, sondern können sich eine vertraute Person aus Ihrem Lebensumfeld suchen, um diese so wichtigen und großen Fragen anzugehen. Wenn es Ihnen gelungen ist, über das weitere Gewinnen von Klarheit mehr Vertrauen in den eigenen Weg zu finden und Sie sich bewusster darüber geworden sind, welche Möglichkeiten Sie haben und was Sie tun können, um Entscheidungen zu treffen, dann haben Sie schon viel geschafft. Sie sind besser gewappnet dafür, Krisen anzunehmen und auch mit Krankheit, die auch immer einer Krise darstellt, umzugehen.

Im Idealfall setzen wir uns also schon mit uns selbst auseinander, ehe eine Krankheit oder Krise uns dazu zwingt.

Long story short

Unsere Lebensbedingungen sind anders geworden, wir Menschen sind aber dieselben geblieben. Das Bedürfnis nach Zu-(sammen-)gehörigkeit, Anerkennung, Liebe der Menschen war früher genauso vorhanden wie heute.

Wir können nicht zufrieden leben, wenn wir die Umstände anklagen, unter denen wir leben. Wir sollten uns über unsere innere Freiheit und über unsere Möglichkeit der Reaktion auf das Gegebene bewusst werden. Unsere Reaktion ist nicht an Bedingungen gebunden – Sie können das tun, was Sie wollen mit dem, wer Sie sind und was Sie haben und da, wo Sie sind.

Freundlichkeit, Offenheit und Verbindlichkeit, die Fähigkeit, Verbindung zu schaffen, ist nicht an einen (sozialen) Beruf gebunden. Diese Fertigkeiten sind in anderen Bereichen vielleicht sogar noch stärker gefragt.

Can-do list

Wie häufig ertappen Sie sich dabei, die Umstände anzuklagen? Glauben Sie, dass Ihnen das hilft oder dass Sie das im Grunde festhält?

Wie fühlt es sich für Sie an, Freundlichkeit und Offenheit zu praktizieren, Verbindung zu anderen herzustellen?

Welche Ideen haben Sie sonst noch zu dieser Thematik?

Schlüssel 23 – Sprache und Kommunikation

Ein Wort zur richtigen Zeit, im passenden Augenblick kann das Leben verändern, zum Guten wie zum Schlechten. So ist in dem Buch »Hühnersuppe für die Seele« ist eine wunderbar bewegende Geschichte der Beerdigung eines jungen Mannes zu finden, zu der auch die ehemalige Lehrerin anreist. Die Eltern bedanken sich bei ihr von Herzen. Ihr Sohn habe seit Jahren stets einen Brief von ihr bei sich getragen, den sie ihm zum Schulabschluss geschrieben hatte. In diesem habe sie ihren Glauben an ihn zum Ausdruck gebracht und ihm Mut gemacht. Er sei sein ständiger Begleiter gewesen, sein Anker auch in schweren Zeiten. Es stellte sich heraus, dass die Lehrerin mehreren Schülern und Schülerinnen solche wertschätzenden und ermutigenden Briefe geschrieben hatte.

Und Johannes, zum Therapiezeitpunkt ca. 50 Jahre alt, erzählt, dass er als Kind seinen Bruder geärgert und sein Vater ihm daraufhin gesagt habe, dass er »böse« sei. Dieses Wort geistert seitdem in seinem Kopf herum – er kann es einfach nicht vergessen. Wir können natürlich nicht ganz genau sagen, wie genau dieses Wort gewirkt hat, und es ist sicherlich überinterpretiert, seine psychischen Symptome damit zu erklären, aber es mag zumindest ein bisschen dazu beigetragen haben, dass Johannes nicht zu einem Menschen mit einem stabilen gesunden Selbstwertgefühl herangewachsen ist.

Worte haben viel Macht, und ich bin mir sicher, dass dem Vater in keiner Weise bewusst war, was er mit dem Wort »böse« bei seinem Sohn ausgelöst hatte. Ich habe Johannes vorgeschlagen, seinen Vater darauf anzusprechen, und prophezeite ihm, dass dieser sich sehr darüber erschrecken würde, so etwas gesagt zu haben bzw. mit seinen Worten diese Wirkung entfaltet zu haben. Und genau so war es auch – die beiden führten ein heilendes und versöhnliches Gespräch.

Die von mir sehr verehrte Dr. Sabine Schwachula aus Bonn, die mir über mehrere Jahre sehr durch ihre fachlich und menschlich hochkompetente Weise weitergeholfen hat, sagt, dass sie diese Methode nur anwenden würde, wenn sie definitiv indiziert sei. Sie sagt: »Unser mächtigstes, kraftvollstes Element ist und bleibt das Wort« – ich stimme ihr heute definitiv zu.

Wir sind immer gut bedient, wenn wir unsere Worte möglichst genau, differenziert und bedächtig wählen – auch frei nach dem Motto »das einmal ausgesprochene Wort ist wie ein Vogel – du kannst es nicht mehr zurückholen«.

> —— Worte können heilen, und Worte können schlimmstenfalls töten – sie haben die allergrößte Macht, und wir sind uns dessen fast nie wirklich bewusst. ——

Zudem gilt, dass wir die Welt immer nur so vielfältig wahrnehmen können, wie wir uns diese sprachlich erschließen. Je differenzierter unsere Sprache ist, desto differenzierter ist auch unser Weltbild. Im sprachlichen Ausdruck zeigen wir unseren Blick auf die Welt und unsere Worte fallen auf uns zurück, formen und gestalten uns mit.

Die Wirkung der Worte auf mich selbst

Marshall B. Rosenberg, der Begründer der »Gewaltfreien Kommunikation« hat in diesem Sinne mein Leben revolutioniert. Alleine die simple Grundregel, dass wir jegliches ›ich muss‹ und ›ich soll‹ aus unserem Sprachschatz verbannen können, hat mir die Augen für das geöffnet, was möglich ist. ›Sollen‹ und ›müssen‹ ist nach Rosenberg ›Sprache der Gewalt‹, nach Stepien ›Opfersprache‹. Wir machen uns damit zum Opfer der Umstände und sind nicht selbst ›Schöpfer*in‹ unseres Schicksals, unseres Lebens.

Meine Freundin Lena antwortete vor einigen Jahren nach einem abendlichen Treffen auf meine automatisierte, unbewusste Frage, ob sie denn morgen arbeiten müsse, mit einem »Nein, ich muss nicht, ich kann«. Sie verdeutlichte dadurch, dass das Arbeiten gehen können, und dies noch in einem Beruf, den man liebt – sicherlich ein Privileg, wahrscheinlich ein eher seltenes – wahrlich eine Option bedeutet, eine Möglichkeit und mitnichten ein Muss!

— Wir transformieren unsere Welt, wenn es uns gelingen kann, die Dinge durch die Brille der (Wahl-)Möglichkeiten zu betrachten. —

Wenn ich mir sagen kann, dass ich arbeiten kann, bringt mich das auf eine vollkommen andere Ebene, zeigt mir das meine schöpferischen Gestaltungsmöglichkeiten auf, meine Möglichkeiten, meine Welt mitzugestalten, zu formen. Dies bietet mir einen anderen Blick auf die Welt, als würde sich ein Schleier heben und alles in einem anderen Licht erscheinen.

Die Wirkung der Worte auf andere

Gerade auch im Zwischenmenschlichen hilft uns Klarheit weiter. Wir können uns bewusst dafür entscheiden und in diesem Sinne wählen, unsere Beziehungen unkompliziert zu gestalten, indem wir uns um Klarheit bemühen. Wenn es uns gelingt, klare Ich-Botschaften auszusenden, unsere Wünsche und Vorstellungen möglichst genau und präzise zu formulieren, schaffen wir eine gute und vertrauensvolle Grundlage für ein gelingendes Miteinander. Die Sätze »Mikroskopisch genau die Wahrheit sagen« aus dem Buch der Paartherapeut*innen Delis und Philips und »Ich lieb dich nicht, wenn du mich liebst« sind mir nie mehr aus dem Kopf gegangen und bringen genau dies zum Ausdruck. Wenn wir präzise formulieren, erscheint unsere Welt, sowohl die innere als auch die äußere, viel facettenreicher und bunter, als wenn wir uns dieselbe im Schwarzweiß-Modus erschließen.

Wenn es zum Beispiel gelingt, mir selbst zu sagen: »Ich fühle mich gerade nicht wohl, weil ich nicht besonders gut geschlafen habe und nicht so richtig in die Gänge komme. Ich habe die Befürchtung, dass ich heute das eine oder andere nicht geschafft bekomme«, ist dies mit Sicherheit viel besser, als wenn ich mir selber sage: »Ich krieg mal wieder gar nichts auf die Reihe.« Ein liebevoller, freundlicher Umgang mit sich selbst ist eine gute Voraussetzung dafür, dies auch im Umgang mit anderen praktizieren zu können. Jedwede Generalisierung wie beispielsweise ›immer‹ oder ›nie‹ ist ein Killer, vor allem in potenziell problemträchtigen, zu Missverständnissen einladenden Beziehungen – und welche ist das nicht?

Nahezu jede und jeder hat schon Dinge gesagt, die anderen wehgetan und andere verletzt haben, und vielleicht ist das auch in gewisser Weise nahezu unvermeidlich. Sicherlich muss es nicht so sein, dass man jedes Wort auf die Goldwaage legen muss, aber es hilft immer, sich bewusst zu machen, dass alles beim anderen potenziell lebenslang haften bleiben kann. Ganz so, wie einem Arzt einmal gesagt wurde: »Vergiss nie: Für dich ist es nur ein Arbeitstag, aber der Patient wird sich sein ganzes Leben lang an dich erinnern.«

Das richtige Hören

Wie wir auf das reagieren, was man uns entgegenbringt, hängt natürlich in ganz starken Maßen daran, wie wir sind. Was ist der Nährboden, auf welchen Boden fallen unsere Worte und die desjenigen, der Worte an uns richtet? Wie oft höre ich Sachen wie »der (oder die) hat mich so verletzt«?

Robert Betz sagt ganz lakonisch: »Du kannst dich nur selbst verletzen« – »Wie, ›Sie Arschloch‹, meinten Sie etwa mich? Ha, Ha, Ha, ich bin fein mit mir selbst, denken Sie doch, was Sie wollen.« Auch hier ist es wieder von elementarer Wichtigkeit, differenziert zu sein. Man kann potenziell verletzende Dinge sagen, aber wie der andere das, was wir sagen, aufnimmt, liegt ja tatsächlich an ihm.

Wir wissen nie, auf welchen Boden das fällt, was wir sagen, welche möglicherweise verheerenden Auswirkungen unsere vielleicht etwas unbedacht geäußerten Worte haben können. Wir wissen nie, was wir lostreten.

Wir können uns Folgendes bewusst machen: Der Überbringer kann zunächst nicht wissen, was beim Empfänger ankommt. Wenn wir aber den wunden Punkt von jemandem sehr gut kennen und dann etwas sagen, um ihm wehzutun, also quasi vorsätzlich handeln, hat das schon eine andere Qualität. Sich immer darauf zurückzuziehen, dass es ja das Problem des Reagierenden sei, finde ich zu einfach. Das ist ein bisschen so, als wenn wir jemandem ein Messer hinhalten und dann sagen: »Selbst Schuld, dass du reingelaufen bist, du hättest ja auch dran vorbeigehen können.« Vielleicht *wollen* wir ja auch eine Reaktion hervorrufen, den anderen aufrütteln, ihn endlich mal erreichen, wo es uns vielleicht sonst nicht gelingt. Oder auch dem anderen Vorwürfe machen.

Jürgen Stepien führt aus: »Wenn man dir etwas vorwirft, ›vor-wirft‹, liegt es dir zu Füßen – du kannst es aufheben und betrachten, dir dann überlegen, was davon du zu dir nimmst, dir zu eigen machst oder zu Herzen nimmst, und was du wieder zurücklegst« – nach dem Motto, ich habe es geprüft und teils für richtig befunden, teils auch nicht.

— Wahrscheinlich ist ein zentraler Punkt hierbei, dass es auf unsere guten Absichten ankommt bzw. wir uns über unsere eigenen Motive klar werden und darüber, warum wir wie welche Worte an unser Gegenüber richten. —

Schon mehrfach habe ich von Patient*innen die Rückmeldung erhalten, dass ich ihnen bestimmte Zusammenhänge auf eine Art und Weise erläutert habe, die es ihnen leicht(er) machte, dies anzunehmen als zuvor. Das Gleiche war ihnen schon in anderer Form, in einem anderen Rahmen, aus einer anderen Situation oder aus einer anderen Motivation heraus gesagt worden.

Mia, die insgesamt nur ein knappes Jahr mit einem Kurzzeitkontingent mit unter 20 Stunden bei mir war, brachte eine furchterregende Beziehungshistorie mit abhängigen, dysfunktionalen Mustern mit. Sie erzählte schlimme Geschichten von Männern, die sie schlecht behandelt, ausgenutzt, erniedrigt hatten und war der festen Überzeugung, dass dies so weitergehen werde und ›müsse‹, das sei bei ihr einfach so. Ich merkte sehr schnell, dass sie großes Vertrauen zu mir gefasst hatte. Wir hatten einen guten ›Vibe‹, und so fasste ich relativ rasch den Mut zu einer Intervention, die auch nach hinten hätte losgehen können: Ich sagte ihr mit freundlichen, aber klaren Worten, dass sie riesengroß auf ihrer Stirn die Aufforderung stehen habe ›Nutz mich aus‹. Mia musste schwer schlucken, sagte mir aber schon in der nächsten Stunde, dass ihr dies die Augen geöffnet, gleichsam einen Schleier gelüftet habe, was es ihr erstmalig ermöglichte, von einer anderen Warte aus auf ihre Geschichte zu schauen. Sie konnte sich auf einmal darüber Gedanken machen, inwiefern sie selbst dazu beigetragen hatte, immer wieder an ›die Falschen zu geraten‹. Im weiteren Verlauf blieb sie eine Zeit lang Single, lernte dann einen ganz anderen Mann kennen, der sich augenscheinlich sehr um sie bemühte, sie schätzte und ihre Würde nicht verletzte. In einer der letzten Stunden erinnerte sie sich dann daran, dass ihr schon ihre offensichtlich etwas burschikosere Tante ja schon immer gesagt hatte, dass sie sich nicht ausnutzen lassen solle. Ich entgegnete, dass ihre Tante ihr ja wohl vor bereits 20 Jahren im Grunde das Gleiche gesagt hatte wie ich – worauf sie entgegnete, dass sich dies für sie damals aber ganz anders angehört habe.

Die eigene Motivation für das Gesagte spielt eine elementare Rolle, da sich in diesem die Beziehungsebene ausdrückt. Eine meiner wichtigsten Aufgaben in der Therapie ist es, immer wieder mich selbst dahingehend zu überprüfen, mich zu hinterfragen, warum und wie ich etwas sage.

Wenn meine Interventionen narzisstisch motiviert sind, ich also dem Patienten oder der Patientin zeigen will, dass ich es besser weiß und kann als er oder sie, hab ich schon verloren. Ich darf/will/kann mich nicht über mein Gegenüber stellen, sondern will ihm/ihr auf Augenhöhe begegnen. Auch unter dem Aspekt, dass ich ja selbst auch in eine Situation geraten kann, die ein ehrliches, aufrichtiges Spiegeln des Gegenübers erforderlich macht, damit ich weiterkomme.

Oft sage ich meinen Patient*innen, dass es so ähnlich ist, als würde ich als Chirurgin einen Abszess aufschneiden: Ganz ohne Schmerzen geht es nicht, aber es braucht einen klaren Schnitt, damit der Eiter abfließen kann; sonst kann es keine Heilung geben. Es tut kurz weh, aber dann fließt es und kann abheilen.

Karen meldete mir zum Ende einer Therapie zurück, dass ihr Mann sie darauf aufmerksam gemacht habe, dass sie von mir so manche Kröte geschluckt habe, weil ich sie offensichtlich schmackhaft zubereitet hatte. Er selbst hatte wohl ähnliche Sachverhalte mit weniger Erfolg in den Ring geworfen. Das mag teils daran liegen, dass ich das quasi gelernt habe. Entscheidend ist aber, dass ich im Alltag meiner Patient*innen keine Rolle spiele und ich keine Alltagsbeziehung zu ihnen habe.

Meine Töchter oder andere Menschen aus meinem persönlichen Umfeld nehmen auch nicht unbedingt alles so reibungslos von mir an (und ich sicher auch nicht von ihnen), eben weil auch andere Faktoren mit hineinspielen. Vielleicht ist diese Problematik potenziell lösbar, zumindest weitgehend. Je besser wir uns selbst kennen und unsere Verletzungen geheilt haben, desto weniger labil ist unser Selbstwertgefühl, desto weniger kränkbar sind wir.

Aus meiner Erfahrung

*Eine der anspruchsvollsten Interventionen aus diesem Feld hatte ich zu Beginn meiner Praxiszeit. Laura, eine im Ganzen recht unzufriedene Patientin, beklagte sich häufig in rauem barschem Ton über ihre Kolleg*innen. Diese seien faul, unzuverlässig und schlampig. Sie selbst war mit Sicherheit aufgrund ihrer tadellosen zuverlässigen Arbeit eine gute Kollegin, zumindest hinsichtlich der inhaltlich zu erledigenden Dinge – was das Betriebsklima anging aber wahrscheinlich eher nicht. Aus ihrem persönlichen Umfeld berichtete sie im Grunde Ähnliches.*

Eines Tages fasste ich Mut und kündigte an, dass ich jetzt etwas sagen würde, das ihr mit Sicherheit zu schaffen machen würde: Ich sagte ihr, dass auch ich nicht gerne mit ihr zusammenarbeiten würde, weil sie so hart und unnachgiebig sei und von ihrer eigenen Haltung so überzeugt sei. Trotz des Versuchs, dies so liebevoll wie irgend möglich zu formulieren, traten ihr fast augenblicklich Tränen in die Augen. Sie war richtig geschockt, ja erschüttert. Mir gelang es zum Glück, dies in dieser Stunde abzufangen, und ich hoffte dann einfach darauf, dass es eine Wirkung entfalten könnte. Und tatsächlich, in der nächsten Stunde sagte sie mir dann, dass sie richtig an meiner Ansage zu schlucken gehabt hätte. Aber tatsächlich denke sie, dass es richtig sei, was ich gesagt habe, und es ihr absolut zu denken gegeben und ich sie damit weitergebracht habe. Interessanterweise entspannte sich die Arbeitssituation danach tatsächlich.

Long story short

Die Sprache hat sehr viel Macht über uns. Sie beeinflusst unser Leben entscheidend. Ein Wort zur richtigen Zeit, im passenden Augenblick kann unser Leben verändern, zum Guten wie zum Schlechten. Für uns Psychotherapeut*innen ist das Wort unser wichtigstes Werkzeug.

Wir wissen nie, auf welchen Boden das fällt, was wir sagen, welche Auswirkungen unsere Worte haben können. Wir können nicht wissen, was wir lostreten. Hier ist es wichtig, dass es auf unsere guten Absichten ankommt und wir uns darüber klar sind, warum wir wie welche Worte an unser Gegenüber richten.

Die eigene Motivation für das Gesagte spielt eine elementare Rolle, da sich in diesem die Beziehungsebene ausdrückt.

Can-do list

Welche Worte haben sich Ihnen eingeprägt, im Guten wie im Schlechten? Wer hat Ihnen mit Worten helfen können?

Gibt es Worte, die Sie gerne zurücknehmen würden? Haben Sie jemanden mit Ihren Worten verletzt?

Wem haben Sie mit Worten geholfen? Haben Sie das geplant oder spontan gemacht?

Hinweise zur Paartherapie

Beim Thema ›Paartherapie‹ bin ich ganz maßgeblich und nachhaltig beeinflusst vom bereits zitierten Ehepaar Roland und Dr. Sabine Bösel. Diese haben (u. a.) die von Harville Hendrix und Helen LaKellyHunt begründete IMAGO-Paartherapie aus den USA im deutschsprachigen Raum bekannt gemacht. In dieser Therapie geht man davon aus, dass der Partner oder die Partnerin der jeweils beste Therapeut des Gegenübers ist.

Schatten und Spiegel

Ehe Sie sich jetzt abwenden, lohnt es sich mit ganz großer Sicherheit, einen Moment innezuhalten und dem Ganzen eine Chance zu geben – mich hat das Konzept jedenfalls auf Anhieb überzeugt. Die Grundidee ist nach meiner Interpretation der Gedanke, dass Unbewusstes Unbewusstes erkennt, dass man sich nicht ohne Grund findet, den Partner quasi ›erkennt‹. Man sucht nicht einander, sondern man findet sich. Der Partner ist Schatten und Spiegel zugleich.

Wir alle haben eine bestimmte Grundstruktur und spezifische Erfahrungen, auch in Bezug auf Bindungen, die uns maßgeblich prägen. Diese beiden Aspekte machen die Partnerschaft zu dem, was der tiefere Sinn jedweder Paarbeziehung, vielleicht auch jeder tiefen Begegnung ist, ›am Du zum Ich zu werden‹ (Martin Buber).

›Schatten‹ bedeutet in diesem Zusammenhang, dass der Partner in der Regel eine andere Struktur hat, anders ›gestrickt‹ ist als wir und man damit sozusagen im Ganzen rund wird – der Volksmund drückt dies aus als ›bessere Hälfte‹. Wir werden quasi nur gemeinsam mit dem anderen ›vollkommen‹. Zugleich hält uns der Partner gleichsam einen Spiegel vor, wenn er sich empathisch auf uns einstimmt und in Resonanz mit uns ist. Sich selbst im Spiegel zu erkennen kann zwar schmerzhaft sein oder zumindest anstrengend, aber wenn dies vom Partner liebevoll mitgetragen bzw. aufgefangen wird, können wir heilen und mit ungeliebten Anteilen unseres Selbsts Frieden schließen.

Wir sind in unserer auf Autonomie und Individualität bedachten modernen Gesellschaft darauf aus, alles aus eigener Kraft und aus uns heraus zu schaffen. Es gibt verständliche Gründe dafür, dass sich unser Leben in diese Richtung entwickelt hat, und dennoch macht dies in der Tiefe nicht viel Sinn. Der Mensch ist ein soziales Wesen und braucht Verbindungen. In der Paarbeziehung liegt zudem eine ganz besondere Chance. Unsere Partner sind quasi unsere Resonanzkörper, in und mit denen wir uns weiterentwickeln, wachsen und heilen können. Denn wir alle haben vermutlich etwas in uns, das nicht heil ist. Auf einer Ebene versorgt uns unser Partner quasi mit der nötigen Portion an dem jeweils in uns nicht so angelegten, damit wir nicht in ein Extrem abdriften oder darin stecken bleiben. Dabei finden häufig instinktiv Introvertierte zu Extrovertierten, Träumer zu Bodenständigen, Strukturiertere zu Chaotischeren, Denker zu Fühlern. Der Volksmund nennt das ›Gegensätze ziehen sich an‹.

Auf einer tieferen Ebene kennt der Partner uns und unsere blinden Flecken besonders gut. Somit kann er seinen Finger in unsere Wunde legen und uns damit ›triggern‹ und regelrecht aus dem Gleichgewicht bringen. Falls ein genügend tragfähiges und solides Fundament da ist und gegenseitiges Vertrauen gegeben ist, kann ein solcher, mitten ins Zentrum unserer lebensgeschichtlichen Verletzungen führender Trigger eine Weiterentwicklung und Heilung in Gang setzen.

Die IMAGO-Therapie

Hier setzt die IMAGO-Therapie an: Beiden Partnern wird ermöglicht, einen Blick in die Vergangenheit und Kindheit und damit in die ›Entstehungsgeschichte‹ des anderen zu werfen. So können beide den schrecklichen kindlichen Schmerz, die Ur-Verletzung an ihrem Ursprung erleben. Das schafft die Voraussetzung, Verständnis für das aufbringen zu können, was sich hinter seiner/ihrer Verhaltensweise im Hier und Jetzt verbirgt. Oft ist es den Akteuren selbst nicht bewusst, warum sie sich auf eine bestimmte Art und Weise verhalten. Die IMAGO-Methode hilft auch dabei, sich selbst zu verstehen. So gibt es, meist unbewusste, Versprechen, die man sich selbst gegeben hat oder Pakte, die man, ebenfalls meist unbewusst, mit einem der beiden Elternteile geschlossen hat. Dies kann aus den unterschiedlichsten Gründen geschehen sein: Ein Elternteil weckte vielleicht besonders viel Mitgefühl in uns, rief unsere Solidarität auf den Plan, oder, oder …

Ein Beispiel: Ich greife das Ereignis auf, wobei eine Frau sich erinnert, dass ihre Mutter von ihrem Vater geschlagen worden war. Sie hatte eine enge Bindung zur Mutter, die ihr eine gute fürsorgliche Mutter gewesen war. Dem Vater gegenüber hatte sie eine eher distanzierte Beziehung. Dieser war kaum präsent gewesen, und wenn, dann despotisch, laut und impulsiv. Dieses Mädchen war vollkommen entsetzt, zu beobachten, wenn der Vater die Mutter schlug. Sie wollte alles dafür tun, ihre Mutter zu beschützen und hasste ihren Vater für das, was er tat. Sie war wütend auf ihn, hatte aber auch Angst vor ihm. Und sie hat sich geschworen, später nie selbst in eine solche Situation zu geraten.

Je nach Reife, Reflexion- und Introspektionsfähigkeit, d. h. Fähigkeit, in sich selbst hineinschauen zu können, Persönlichkeitstyp und Struktur wird sie nun sich entweder eine ähnliche Situation kreieren oder vehement alles bekämpfen, was auch nur ansatzweise in diese Richtung gehen könnte – und dabei wahrscheinlich über das Ziel hinausschießen. So kann eine Frau, die als dominant und herrisch wahrgenommen wird, als Kind Fürchterliches erlebt haben. Falls ihr Partner die Gelegenheit erhält, hinter die Kulissen zu schauen, quasi das ›making of‹ nachzuvollziehen zu können, wird sein Herz garantiert sehr viel weicher werden. Er kann seiner Partnerin ganz anders begegnen, sie in ihrem Leid, ihrem Elend, ihrem kindlichen Horror und Verlorensein fühlen und damit einen ganz anderen Zugang zu ihr erhalten.

Oder nehmen wir das Beispiel des Mannes, der seine Frau ›unterdrückt‹, gängelt und kontrolliert. Er mag miterlebt haben, dass seine Mutter seinen Vater betrogen hat und den Vater in seinem vielleicht unsäglichen Schmerz und Leid erlebt haben. So hat er sich geschworen, dass ihm nie etwas Vergleichbares passieren wird. Versteht seine Partnerin durch den therapeutischen Prozess im Hier und Jetzt die unermessliche Traurigkeit, Wut und Hilflosigkeit des kleinen Jungen im Manne, sind natürlich die Probleme noch nicht vom Tisch, aber es ist ein guter Anfang gemacht. Aus aktivem Zuhören und gelungener und gelingender Kommunikation heraus kann man weiterkommen und wieder zueinander finden. Wir können also mithilfe unseres Partners die eigenen Verletzungen heilen und darüber mit dem Partner noch näher zusammenrücken.

Wir müssen dabei verstehen, dass wir anderen, auch oder vielleicht gerade besonders unserem Partner, immer nur so tief begegnen können, wie wir uns selbst begegnen. Je mehr wir mit uns selbst im Unfrieden sind, wir uns bestimmte Dinge bei uns selbst nicht anschauen können und diese in uns vergraben wollen, desto höher ist unser ›Kränkbarkeitspegel‹. Wenn wir uns dies nicht bewusst machen, bekämpfen wir das, was von außen an uns herangetragen wird.

Der Schlüssel ist das Vertrauen. Wenn wir den Mut haben, hinzuschauen und unser Vertrauen größer ist als unsere Angst, haben wir eine riesengroße Chance. Dann haben wir die Gelegenheit, bisher Nichtverarbeitetes angehen zu können. Es erspart uns nicht den Schmerz, aber der bewusst erlebte Schmerz bietet uns die Chance darauf, diesen zu transformieren und hinter uns lassen zu können. Wir befinden uns quasi in einer anderen Umlaufbahn.

Das Geheimnis einer guten Partnerschaft

In der Erlangung des Verständnisses für das Zueinanderfinden von Partnern war für mich das Buch »Versteh mich bitte« von Keirsey und Bates sehr aufschlussreich. In diesem wird die auf der Persönlichkeitstypologie von C. G. Jung basierende Myers-Briggs-Typologie (MBTI) wunderbar aufbereitet. Ich stimme zwar mit den Autoren nicht hundertprozentig damit überein, dass der ideale Partner immer das genaue Gegenteil verkörpern sollte, aber grob gilt dies schon. Betrachten Sie diesen Gedanken als hilfreiches und aufschlussreiches Tool, das einen wirklich weiterbringt, sowohl im Verständnis für das Gegenüber als auch für sich selbst!

Struktur ist trotzdem nicht alles – für eine gelungene und gelingende Partnerschaft braucht es noch jede Menge anderer Zutaten. Eine zentrale Konstante ist sicherlich das Wertesystem, die ›core values‹. Es wird häufig beschrieben, dass ähnliche Haltungen und Ansichten zu Politik, Religion, Kindererziehung, Geld (!) einen guten Nährboden für eine tragfähige, langfristige Beziehung bilden und etwaig aufkommenden Konflikten erst gar keine Entfaltungsmöglichkeit geben. Die Haltung dem Geld gegenüber scheint eine viel größere Rolle zu spielen, als man annehmen sollte, was vielfach dokumentiert ist. Wichtig ist jedoch vor allem anderen, dass man den anderen nicht für sein eigenes Glück verantwortlich macht, sondern selbstverantwortlich bleibt – auch wenn es natürlich wünschenswert ist, dass der Partner dem nicht aktiv entgegenwirkt.

Vor einigen Jahren wurde zum Jahresanfang in einer Sonderedition des Zeit-Magazins mit dem Titel ›Das Geheimnis langjähriger glücklicher Partnerschaften‹ dieses Thema wissenschaftlich aufbereitet. Das Ergebnis war, nicht wirklich überraschend, dass beide Partner für sich selbst in der Lage waren, glücklich und zufrieden zu sein – immer auf der Grundlage der soliden Basis, die die Partnerschaft gewährt.

Gemeinsamkeiten schweißen zusammen

Gemeinsame Interessen werden aus meiner Sicht überschätzt – natürlich ist es schön, wenn man auch gemeinsame Hobbys hat, aber wichtig ist ja vor allem, dass jeder mit dem, was er selbst am liebsten macht, genügend Raum findet. Ein Sonderfall besteht meiner Meinung nach dann, wenn man ein ausgefallenes Hobby hat. Dann kann es eine ganz besonders bindende Kraft haben, dies gemeinsam mit dem anderen erleben zu können. So ist eine ehemalige Patientin in früheren Jahren Fallschirm gesprungen – ihr damaliger Partner hatte sie dazu inspiriert, und sie hatte einige schöne Jahre mit ihm und denkt gerne an diese spezielle Zeit zurück, auch wenn heute beides, Fallschirmspringen und Partnerschaft, längst Geschichte sind. Ein Bekannter fuhr mit seiner Frau regelmäßig als Besucher auf Mittelaltermärkte, bis er schließlich so begeistert war, dass er sich einen Planwagen und das entsprechende Outfit zulegte und schließlich als Beschicker auf die Märkte fuhr. Seine Frau liebte es augenscheinlich auch – und ich bin sicher, dass dies ein guter zusätzlicher Dünger für ihre glücklicher Partnerschaft ist.

Nicht falsch verstehen – dies ist völlig beliebig und ich plädiere nicht dafür, sich ausgefallene Hobbys zur Partnerschaftsstabilisierung zu suchen – aber wenn man ein solches hat, hat es wahrscheinlich das Zeug dazu, eine stabilisierende Funktion einzunehmen.

Auch Michelle Obama beschreibt in ihren Memoiren »Becoming«, dass die verbindenden ›core values‹ zwischen Barack und ihr ein zentraler Punkt in ihrer Partnerschaft waren (und sind). Die Grundlage muss stimmen. Vieles funktioniert gut, wenn es nicht extrem ist. Michelle und Barack kamen aus verschiedenen Elternhäusern, Michelle war konservativer erzogen, traditioneller, aber in einer Art und Weise, die Barack inspirierte – so konnten sie das Beste aus ihren jeweiligen Welten dem anderen mitgeben und so zu seinem Wachstum beitragen.

Ich kenne etliche Konstellationen, in denen das funktioniert hat, was heute viel mehr zum Tragen kommt als noch in meiner Kindheit, als sich vieles noch überschaubarer gestaltete. Wie viele Mutter-und-Kind(er)-Haushalte gibt es, in denen ein Freund oder eine Freundin der Töchter oder Söhne fasziniert davon ist, dass vieles so anders läuft als bei ihm oder ihr zu Hause – ein bisschen freier, unkonventioneller – und sich am Ende dann doch wieder darüber freut, dass die eigene Mutter nicht arbeiten geht. Andersherum: Das Kind mit der berufstätigen Mutter, die sich zwar gut kümmert, aber vielleicht nicht ganz so hundertprozentig vorhersehbar ist wie die andere Mama, genießt diese andere, neue Welt – und freut sich dann am Ende doch darüber, wieder nach Hause zu kommen, weil es dort einfach ein bisschen freier zugeht, es vor allem das ist, was es kennt.

Im Idealfall ergänzt und inspiriert man sich hier gegenseitig – und versucht, das Beste von Beidem mitzunehmen und zu etwas Neuem zu transformieren, frei nach dem Motto: Das Ganze ist mehr als die Summe seiner Teile.

Dinge miteinander zu erleben, ist mit Sicherheit gut für jede gelungene tragfähige Partnerschaft, insbesondere auch aktiv. Es kann ein größerer ›happiness-boost‹ für eine Partnerschaft sein, am Wochenende bei schönem Wetter eine Wanderung miteinander zu unternehmen, als am Abend Essen zu gehen!

Gelungene Kommunikation

Wir alle kennen die vielen Fallstricke in der Kommunikation mit unseren Partnern, die definitiv Stolpersteine einer gelungenen Partnerschaft sind. Wir hören nicht zu, nehmen uns zu wenig Zeit, tappen in die Falle der Schuldzuweisungen, in die des Anklagens. Wir generalisieren, klagen an und malen schwarz-weiß – »Immer machst du«, »nie tust du«. Wohltuend und hilfreich, konstruktiv und produktiv ist es hingegen, einfach ganz genau zu sagen, was man eigentlich will. Wie schon erwähnt (Die Wirkung der Worte auf andere, Seite 131), »Mikroskopisch genau die Wahrheit sagen « meint damit, dass wir möglichst präzise und auf den Punkt sagen, was wir wollen und um was genau es uns eigentlich geht.

> — Dieses präzise Benennen ist in der Kommunikation mit anderen, insbesondere mit dem Partner, von elementarer Bedeutung. Und genauso wichtig ist es in der Kommunikation nach Innen, in der Kommunikation mit uns selbst. —

Dabei erlebt man auch so manche Überraschung, merkt man doch durch das präzise Ausformulieren oftmals, dass es in Wirklichkeit um etwas anderes geht – das angebliche Problem ist ja im Grunde nie das eigentliche. Es geht in der Regel um das, was wir dahinter vermuten, um das, was für uns emotional daran hängt, wenn bestimmte Dinge gemacht oder auch nicht gemacht werden.

Der Mann von Sarah war eine Zeit lang arbeitslos, nachdem sein hochdotierter Arbeitgeber ihn abgefunden hatte, um sein Unternehmen zu verschlanken. Er fand erst einmal keine gleichwertige Stelle, weshalb er zunächst zu Hause blieb. Sarah machte es fast wahnsinnig, dass er manchmal, wenn sie nach einem harten Arbeitstag nach Hause kam, den Müll nicht rausgebracht hatte – schon war die Stimmung auf dem Nullpunkt. Auch ich hätte bestimmt gereizt gemeckert à la »nie bringst du den Müll raus« aber im Grunde wissen wir doch oder ahnen zumindest, dass das nahezu lächerlich ist. Wenn wir wirklich meinen, mit dem Rausbringen des Mülls überfordert zu sein, ist es allerhöchste Zeit, unseren Lebensstil zu überdenken und uns zu überlegen, wo wir etwas ändern können, um nicht ständig überfordert zu sein. Wenn uns die Müllsituation also realisieren lässt, dass wir ständig auf Kante genäht und am Anschlag sind, ist es allerhöchste Zeit für eine Veränderung. Wenn dies hingegen nicht der Fall ist, geht es in Wirklichkeit um etwas anderes – vielleicht darum, dass wir uns nicht gesehen oder wertgeschätzt fühlen, nach dem Motto ›jetzt arbeite ich schon den ganzen Tag, und dann muss ich auch noch den blöden Müll rausbringen, obwohl er doch Zeit hat‹. Vielleicht finden wir es auch lieblos und gedankenlos. Alles gipfelt in dem Gedanken: »Wenn er mich wirklich lieben würde und ich ihm wirklich wichtig wäre, dann würde er das machen – er weiß doch, wie wichtig mir das ist.«

Wir verknüpfen also die Handlungen oder das Ausbleiben derselben mit etwas, das mit der Sache als solcher überhaupt nichts mehr zu tun hat, und heben das Ganze weg von der Sachebene auf die Beziehungsebene. Hierbei hilft, einen kleinen Moment Luft zu holen und aus der Situation rauszugehen und tief durchzuatmen. Vielleicht hilft Ihnen auch dieser Trick: Ich selbst hole für mich mittlerweile in der Regel ›die ganz große Keule raus‹ und stelle mir vor, der andere wäre gar nicht da, er wäre schwer krank oder schlimmstenfalls sogar tot – eine Schocktherapie, die bei mir extrem wirkungsvoll ist. Letztes Jahr habe ich mich in dieser Sichtweise bestätigt gefühlt, als ich im Podcast ›Happier‹ von Gretchen Rubin, Folge 290, in dem es um sog. ›happiness hacks‹ ging, von einer Leserin etwas ganz Ähnliches gehört. Sie sagte, dass ihr wichtigster ›happiness hack‹ für ihre Ehe darin bestehe, sich einfach *genau das* vorzustellen, und erzählte: »Ich habe mich immer darüber aufgeregt, dass mein Mann seine Sachen abends nicht auf den Stuhl legt, sondern auf den Boden. Dann hatte ich eines Tages die Erkenntnis, dass er aber immerhin *da* war – er war da, lebte, und wir hatten es schön miteinander – was machte da schon diese nervige Angelegenheit, seine Klamotten rumliegen zu lassen, es war doch im Grunde völlig belanglos! Eines Tages wäre er vielleicht tot – und ich würde weinen, wenn ich merken würde, wie unglaublich traurig ich bin, dass ich nie wieder seine Socken herumliegen sehe, schlicht, weil er nicht mehr da ist.«

Trennung fällt schwer

Zum Thema Trennungen an dieser Stelle nur so viel: Es macht Sinn, sich mindestens 10% der Zeit zu geben, die man miteinander verbracht hat, um den Entschluss reifen zu lassen. Dies gilt in besonderem Maße für langjährige Partnerschaften und solche, aus denen Kinder hervorgegangen sind und in denen man sich sein Leben zusammen aufgebaut hat – erst recht, wenn man ›eigentlich‹ im Hinblick auf die oben beschriebenen Core Values oder MBTI-Typen gut zueinander passt. Und – solange man keine Entscheidung treffen kann, kann man halt keine Entscheidung treffen – so banal wie wahr.

Manche sagen, dass es nie wieder so werden kann wie vorher, wenn einer der beiden mal aus der Ehe ausgebrochen ist. Andere haben beschrieben, dass genau das ihrer Ehe den notwendigen Ruck gegeben hat, um aus verkrusteten Strukturen ausbrechen zu können. An dieser Stelle bin ich mir sicher: Wir Menschen sind uns in vielen Punkten ähnlich, in anderen hingegen nicht. Ich kenne Paare, denen die Krisenbewältigung sehr gut gelungen ist und andere, bei denen es nicht so gut lief – Paare, bei denen außereheliche Aktivitäten mitgeteilt und solche, bei denen sie verschwiegen wurden. Auch hier gilt: Die absolute Wahrheit gibt es nicht.

Bei aufgrund von außerehelichen Aktivitäten vollzogenen Trennungen leidet der Verlassene viel mehr, vor allem am Anfang. Schlimmstenfalls wird er vor vollendete Tatsachen gestellt, was furchtbare Ohnmachtsgefühle und existenzielle Ängste auslösen kann. Der Verlassene braucht dringend ein gewisses Maß an Trennungswut oder auch -aggression, um über die Trennung hinwegzukommen, anders geht es in der Regel nicht. Perfiderweise realisiert der Verlassende erst ganz allmählich, dass er mit der Trennung oftmals nur eine Scheinlösung für seine Probleme gefunden hat. Dann setzt sein Leidensweg ein, die Konfrontation mit den inneren Dämonen.

Nachsicht und Demut sind immer angebracht. Man kann sich glücklich schätzen, wenn man immer wieder die Kurve kriegt!

Krise als Chance

Krisen gibt es in mehreren Lebensbereichen. Robert Betz führt in seinem Buch »Raus aus den alten Schuhen« aus, dass die meisten Menschen zwischen dem 35. und 50. Lebensjahr in einem der drei großen Bereiche Beruf, Partnerschaft oder Körper (Krankheit) in eine Krise geraten. Etwas lakonisch sagt er, dass wir uns darüber freuen können, dass uns unsere Welt um die Ohren fliegt, weil wir endlich eine Chance darauf haben, die zu werden, die wir wirklich sind. Durch die Krise werden wir durcheinandergewirbelt und können endlich zu uns selbst finden.

So weit würde ich nicht gehen. In der heutigen Zeit setzen sich viele doch schon recht intensiv mit sich selbst auseinander. Vor allem bei jungen Menschen nimmt die Identitätssuche häufig sehr viel Raum ein, was ein zweischneidiges Schwert ist und schlimmstenfalls zur Dauerkrise auch im Sinne der beschriebenen Selbstoptimierung (siehe Schlüssel 22: Perspektivenwechsel, Seite 122) wird. Oft steckt die tiefe, vielleicht sogar existenzielle Angst dahinter, seine Bestimmung zu verfehlen, nicht das Beste aus seinem Leben zu machen, nicht das bestmögliche Leben zu leben.

Für in den 1950er-Jahren Geborene hatten diese Fragen noch eine ganz andere Bedeutung. In der Nachkriegsgesellschaft kämpften die Menschen im Grunde noch um die Fragen des Überlebens, auch wenn die unmittelbaren Schrecken des Krieges nicht mehr direkt greifbar waren. Es ging darum, sich materiellen Wohlstand zu erschaffen und darüber Sicherheit zu erlangen, auch auf einer ganz tiefen, basalen Ebene. Selbstverwirklichung, Emanzipation, das Streben nach höheren Zielen war den meisten schlichtweg nicht möglich. Wenn man im Krieg ist oder auch die

Auswirkungen noch unmittelbar zu spüren bekommt, erlaubt man sich schlichtweg nicht, sich über bestimmte Dinge Gedanken zu machen, die einem unter diesen Umständen wie Luxusprobleme vorkommen. Meine Oma hätte mit Sicherheit kein Verständnis dafür gehabt, dass heutzutage so viele Ehen geschieden werden und die damit einhergehenden Probleme als genau diese Luxusprobleme bezeichnet.

Die Freiheit von heute ist vielleicht bei allem Segen auch ein Körnchen Fluch. Dennoch ist aus meiner Sicht das Entscheidende, dass wir in der Jetztzeit mit ihren ganz spezifischen und hoch komplexen Anforderungen und Fragestellungen leben und genauso dringend wie früher Antworten auf drängende, wenn auch andere, Problemfelder brauchen.

Es gibt Krisen auf verschiedenen Ebenen. Krankheiten zählen hier zweifelsohne zu den stärksten Belastungsproben und können das Leben sehr durcheinanderwirbeln. Als ärztliche Psychotherapeutin komme ich damit fast tagtäglich in Berührung.

Schlüssel 24 – Lernen aus Krankheiten

Schwere Erkrankungen wie Krebserkrankungen sind auf jeden Fall lebensverändernd und führen schlimmstenfalls zum Tod. Eine solche Diagnose erschüttert uns in unseren Grundfesten. Nach einer solchen Diagnose ist eine umfassende, kompetente und professionelle fachliche Begleitung wichtig. Glücklicherweise ist die Versorgung mit gut ausgebildeten Onkolog*innen (Krebsspezialisten) hierzulande gegeben, zudem sind auch die Hausärzt*innen fast immer emphatische und geduldige verlässliche Stützen.

Menschen gehen je nach Anlage, Struktur und Weltbild ganz unterschiedlich mit einer schlimmen Diagnose um. Eine solche Diagnose ist aber in jedem Fall erst einmal ein Riesenschock. Je nach Situation geht es ja auch erst einmal ums nackte Überleben, um Leben und Tod.

> — Die meisten Betroffenen, die zu mir in die Praxis kommen, tendieren dazu, einen Sinn in dem Geschehenen zu suchen: Sie finden für sich Erklärungen, um die Ereignisse in ihr Leben integrieren zu können. —

Mir ist aufgefallen, dass insbesondere Frauen mit Brustkrebs fast alle sagen, sich bisher überwiegend an den Bedürfnissen anderer ausgerichtet und sich selbst aus dem Blick verloren zu haben. Vielleicht hatten sie sich selbst nie so richtig im Blick. Einige ziehen daraus Konsequenzen und treten beruflich kürzer; nicht immer wird dem mit Verständnis begegnet. So erzählte Johanna, die an Brustkrebs erkrankte, dass sie in ihrer Tätigkeit als Sekretärin zuvor stets bereitwillig Überstunden gemacht hatte. Ihr sei jetzt, nach der Erkrankung, bewusst geworden, dass sie so einfach nicht weitermachen könne und wolle. Nach Rückkehr an den Arbeitsplatz machte sie dann die für sie überaus schmerzliche Erfahrung, dass sie jetzt, da sie nicht mehr über das übliche Arbeitspensum hinauszugehen bereit war, schnell ausgetauscht wurde. Auf zwischenmenschlicher Ebene bedeutete dies für die äußerst treue, loyale und pflichtbewusste Johanna eine riesengroße Enttäuschung. Sie lernte, wenn überhaupt, erst Jahre später, dass dies quasi ein ›Segen in Verkleidung‹ war – der Job passte einfach nicht mehr zu ihr. Die Enttäuschung blieb – und damit auch ihre subjektive Erklärung, dass sie den Krebs auch bekommen habe, weil sie nicht auf sich und ihre Grenzen Acht gegeben hatte, sich ständig überfordert und verausgabt habe.

Je nach Reaktion der Außenwelt kann dann das, was sich aus der Erkrankung entwickelt, also eine (nahezu) ebenso massive Erschütterung bedeuten wie die Diagnose an sich.

Fast alle sagen mir, dass sie in der Reaktion ihrer Mitmenschen enorme Überraschungen erleben. Vertraute und verlässliche Menschen aus dem Umfeld, deren Zuwendung und Loyalität man zu keinem Zeitpunkt in Frage gestellt hätte, wenden sich plötzlich ab, sind nicht so da wie erhofft – und andere, die man gar nicht auf dem Schirm hatte, spielen auf einmal eine wichtige Rolle. Sie sind da, bieten Unterstützung an, helfen tatkräftig. Hierbei handelt es sich oft um Menschen, die selbst entsprechende Erfahrungen gemacht und daraus gelernt haben. Die Abtrünnigen machen dies nicht aus Gleichgültigkeit oder weil sie schlechte Menschen sind, sondern in der Regel aus Gründen der Überforderung und Unsicherheit.

Der Umgang mit einer Erkrankung

Menschen gehen unterschiedlich damit um, wenn sie krank werden. Nach meiner Erfahrung gibt es drei große Gruppen:

- Einige suchen die Ursache in ihrem Inneren, auf einer seelischen Ebene oder auf einer Schicksalsebene.
- Einige führen die Erkrankung auf Faktoren im Außen zurück – ihre Ernährung, zu viel Alkohol, zu viel Stress, Umweltverschmutzung, Schadstoffe usw.
- Einige halten die ganze Ursachensuche für ›Quatsch‹ und führen ihre Erkrankung schlichtweg auf eine böse Laune des Schicksals zurück: Es hat sie eben erwischt, so ist es ist jetzt eben.

Es gibt auch hierzu einen sehr guten Vortrag von Dr. Jürgen Stepien, »Quellen der Gesundheit«. In diesem führt er überzeugend aus, dass es die Wahrheit, explizit auch in diesem Zusammenhang, schlichtweg nicht gibt.

> —— Im Zusammenhang mit Gesundheit und Krankheit gibt es nicht die absolute Wahrheit. ——

Ob wir auf psychologisierende Weise in unser Inneres gehen und diese Zusammenhänge zu erkennen glauben oder nicht – es ist sozusagen immer richtig und falsch zugleich. Die Wahrheit gibt es nicht, es gibt nur

›meine‹ Wahrheit – wenn Sie glauben, dass Ihre Erkrankung die Folge von problematischem Verhalten ist und dies zum Anlass für Veränderungen nehmen, ist das mit Sicherheit nicht falsch. Sie dürfen sich aber nicht der Illusion hingeben, dass dies die Lösung ist und es eine Garantie auf ›Richtigkeit‹ gibt. Ob die von uns ergriffenen Veränderungen und Maßnahmen effektiv und zielführend sind oder nicht, wissen wir immer erst hinterher. Wir können uns unsere Gesundheit, unser Überleben nicht verdienen, so bitter es auch ist, sich das einzugestehen. Es gibt auf dieser Ebene keinen Handel und keine Gerechtigkeit.

Ungerecht empfinden viele Menschen vor allem die Erkrankung oder gar den Tod eines jungen Menschen. Sie klagen an: »Diese junge Frau mit den zwei süßen kleinen Kindern; sie lebte doch so gesund, trieb Sport, rauchte nicht, ernährte sich gesund und jetzt das. Der 85-jährige gebrechliche Nachbar nebenan, der ja eigentlich gar nicht mehr leben will – warum trifft es nicht ihn? Er würde gerne mit der jungen Frau tauschen! Das ist so ungerecht!«

Ich finde das sehr verständlich. Diese Thematik gehört aus meiner Sicht zu den großen Menschheitsfragen. In der Bibel ist diese unauflösbare Problematik sehr treffend im Buch Hiob beschrieben. Dieses beschäftigt sich im Kern mit der Frage der fehlenden Nachvollziehbarkeit bei der Verteilung von Leid. Hiob macht unerträgliche Verlusterfahrungen und hadert mit Gott, gelangt nach innerem Ringen aber zu der Einsicht, dass Gott barmherzig ist und über allem steht. Dennoch stelle ich mir die Frage, ob man mit der Abwägung ›Gerechtigkeit versus Ungerechtigkeit‹ ein Krankheitsgeschehen betrachten sollte. So traurig es ist, aber es bringt uns im Grunde nicht wirklich weiter und bringt auch keinen Trost.

Wir sind im Kern machtlos, können aber die Dinge tun, die sich für uns richtig anfühlen. Dies kann extrem auseinanderklaffen. C. von Rexrodt, die mit Mitte 30 die Diagnose »Brustkrebs in einem fortgeschrittenen Stadium« erhielt, diesen überlebte und ihren Verlauf dankenswerterweise zum Anlass nahm, ihre Erfahrungen zum Wohle anderer Betroffener einzubringen, erzählt auf ihrer CD Folgendes: Alle hätten sie nach Diagnosestellung beschworen, bloß keine Kohlenhydrate zu sich zu nehmen, die sogenannte Coy-Diät zu befolgen, den Krebs nicht zu ›füttern‹. Sie beschreibt, dass sie im Verlaufe der Erkrankung unglaublichen Heißhunger auf Kakao mit Sahne gehabt habe, sie regelrecht besessen von dem Gedanken war, dieses für sie so elementar wichtige Getränk zu sich zu nehmen. Und schließlich sagte sie »Egal, ich trink das jetzt einfach«, und nahm dieses von ihr so tief verlangte, köstliche Getränk zu sich. Ein regelrechtes Glücksgefühl durchströmte sie. Sie sagte, dass es doch gar nicht schlimm für sie sein könne, eben weil es ihr damit so gut ging. Ich gebe ihr recht. Es gibt hier kein absolutes Richtig oder Falsch.

Können wir annehmen, dass auf psycho-(neuro-)immunologischer Ebene die durch das Trinken des begehrten Getränks im Körper und Gehirn freigesetzten Glückshormone einen schützenden und stärkenden Effekt haben, die die negativen Aspekte ausgleichen oder vielleicht sogar übertreffen? Es lässt sich weder das eine noch das andere sicher beweisen. Am Ende ist es sozusagen ›Geschmackssache‹, was wir daraus machen bzw. glauben.

Karl, der leider an den Folgen eines Pankreaskarzinoms verstorben ist, hatte entgegen der Prognose der Onkologen gute drei Jahre mit dieser Erkrankung leben können, und dies, bis auf die letzten Wochen, sogar sehr gut. Er lebte nach der Coy-Diät, aber es machte ihm nichts aus, im Gegenteil, er fühlte sich wohl damit.

Das ist aus meiner Sicht der Schlüssel: Die von uns ergriffenen Maßnahmen und Schritte müssen zu uns passen, uns entsprechen. Menschen sind – trotz aller Gemeinsamkeiten – in bestimmten Punkten eben auch unterschiedlich.

Ein Bekannter erkrankte vor vielen Jahren mit ca. 60 Jahren an Blasenkrebs in fortgeschrittenem Stadium. Seine Frau stürzte es in tiefe Depressionen, er selbst jedoch blieb gelassen, ließ sich operieren und perfektionierte seinen ohnehin recht vergeistigten Lebensstil. Tautreten am Morgen, Beschaulichkeit, Ruhe, viel Lesen, vegetarische Ernährung, Frischkornbrei nach Bruker. Ich war mir sicher, dass es bei ihm funktionieren würde, weil es zu ihm und seinem Lebensstil passte. Tatsächlich ist er fast 90 Jahre alt geworden, als hätte er den Blasenkrebs nie gehabt. Trotzdem ist damit streng genommen nicht bewiesen, dass es seine Maßnahmen waren, die sein Überleben gesichert haben; wir wissen es schlichtweg nicht.

Andere sagen, dass dies alles ›Quatsch‹ ist; sie machen weiter wie bisher und es ist eben auch nicht gesagt, dass dies zwingend der schlechtere Weg ist. Immer wieder gibt es Geschichten von Menschen, die gegen alle Gesetze der Wahrscheinlichkeit sehr lange nach einer ungünstigen Diagnose gelebt haben und eben auch das Gegenteil: Es schien alles überschau- und beherrschbar, und jemand starb dann doch erschreckend schnell.

> —— Es gibt keine Garantie – und wir machen nichts falsch, wenn wir nicht genesen! ——

Auf keinen Fall ist es als persönliches Versagen zu werten. In Zusammenhang mit diesem ganzen Krankheitskomplex finde ich nichts schlimmer als ein subjektives vermeintliches ›Versagen‹ im Sinne des sogenannten ›positiven Denkens‹. Schwere Erkrankungen lassen sich nicht planbar und konditionierbar durch ›positives Denken‹ in den Griff kriegen!

Ich höre immer wieder, dass Menschen sich selbst anklagen, nach dem Motto »Selbst dazu bin ich zu doof«, »Ich kann noch nicht mal meine Gedanken ordnen oder für mich sorgen«, etc. In zahlreichen Büchern wird heute die Kraft der Gedanken thematisiert, wird dem Leser suggeriert, dass er alles selbst in der Hand habe und durch die Kraft der Gedanken eine Krankheit sozusagen ›wegdenken‹ könne. Bleibt die Erkrankung bzw. kommt sie zurück, haben diese Menschen also nicht nur mit den Folgen dessen zu kämpfen, sondern auch noch mit dem Gefühl des Versagens: »Selbst das habe ich nicht geschafft, meine Gedanken in die richtige Richtung zu bringen – ich bin verdammt, wenn ich selbst dazu zu blöd bin.« Der in den letzten Jahren neu aufgetauchte Begriff ›toxische Positivität‹ meint genau das.

Wahrscheinlich gilt, dass wir vermutlich diese Angst nie ganz rauskriegen, wenn sie einmal in uns ist. Frieda hatte vor 30 Jahren schon einmal eine Krebserkrankung. Nun erhielt sie mit Ende 50 eine neue Krebsdiagnose und erzählte, dass unmittelbar, im Bruchteil von Sekunden, alle längst vergessen und überwunden geglaubten Gefühle wieder da waren. Dies belegt, dass eine Krebsdiagnose im Grunde fast immer einem, wenngleich auch oftmals überschaubaren Trauma gleichkommt. Die ganze Angst ist wieder da, und diese Erinnerungen sitzen auch im Körper.

An dieser Stelle hilft übrigens EMDR wahre Wunder, weil es hilft, die körperlichen Sensationen wie Druck, Schmerzen, Schweregefühl, Taubheit, Kribbeln, Leere und Schwäche umzuwandeln und die damit einhergehenden negativen Glaubenssätze wie ›ich bin verdammt, verurteilt, hab keine Chance, keine Wahl, bin zu doof‹, etc. und Gefühle wie Angst und Wut zu transformieren. Es kann auch dabei helfen, die Erkrankungsfolgen abzumildern.

Doch selbst wenn man die Erkrankung gut in den Griff bekommt, geheilt ist oder zumindest als geheilt gilt: Das Leben ist für immer verändert. Wir brauchen dann vor allen Dingen immer wieder Vertrauen und Hoffnung.

Long story short

Krisen sind immer auch Chancen. Dies gilt auch für körperliche Erkrankungen, selbst für schwere Erkrankungen wie Krebs.

Es gibt drei verschiedene Erklärungsmodelle für das Krankwerden: die sinnsuchend-psychologisierende, die die Ursachen im Außen (Ernährung, Umwelt, Lebensbedingungen) suchende und die Schicksalsvariante. Die absolute Wahrheit gibt es in diesem Zusammenhang nicht.

In meinen Augen ist es schrecklich, wenn manche das Ausbleiben einer Genesung, das Erleiden eines Rückfalls als persönliches Versagen erleben. Besonders perfide ist es, wenn diese Menschen sich vorwerfen, nicht positiv genug gedacht zu haben. Gesundung liegt nur zu einem kleinen Teil in unserer Hand.

Can-do list

Welche Erfahrungen und Erlebnisse haben Sie in Zusammenhang mit Erkrankungen? Waren Sie schon einmal schwer krank bzw. sind Sie schon einmal lebensgefährlich erkrankt?

Falls ja: Haben auch Sie versucht, Erklärungen dafür zu finden? Haben diese Ihnen geholfen? Wenn ja, wie und wodurch? Wenn nein, was hätte Ihnen helfen können?

Konnten Sie einem Kranken schon mal beistehen und helfen? Wenn ja, wie ist Ihnen das gelungen? Ist es Ihnen schwer gefallen?

Schlüssel 25 – Hoffnung

Gerade dann, wenn wir richtig krank werden, brauchen wir unbedingt Hoffnung, Zuversicht und Vertrauen. Wir wissen schlichtweg nicht, wie die Erkrankung verlaufen wird und was noch alles auf uns zukommt. Wir können jedoch versuchen, zu vertrauen, immer und immer wieder.

Hoffnung ist etwas anderes als Schicksalsergebenheit, eher im Gegenteil: Wir formen unseren Weg durch unser Tun mit. Hilfreich ist, zu verstehen, dass wir nicht alles in der Hand haben und bestimmte schicksalhafte Ereignisse nicht abwenden oder beeinflussen können, auch wenn wir dies wollen. Loslassen (siehe Schlüssel 16: Gelassenheit und Loslassen, Seite 87) erscheint zwar nahezu unmöglich, wenn es gefühlt um Leben und Tod geht. Dennoch liegt eine riesengroße Chance darin, dies anzustreben. Hier ist es von besonders großer Bedeutung zu unterscheiden, welche Dinge wir ändern können und welche nicht.

Solange wir denken, dass wir alles selbst in der Hand haben, setzen wir uns massiv unter Druck. Wir denken, dass wir bestimmte Dinge tun müssen, um gesund zu werden, leben im Grunde ständig in Angst. Dieser Druck kostet Kraft, wir werden müde und fühlen uns erschöpft.

> — Zu verstehen, dass nicht alles in unserer Hand liegt, kann einen unglaublichen Frieden bringen. Wenn es uns wieder gut geht, wir gesund werden und bleiben, ist es eine Gnade. —

Für manche ist dies vielleicht ein altmodisches und deshalb fast befremdlich anmutendes Wort, für mich hat es eine große Bedeutung.

Aus meiner Erfahrung

Solange wir leben, gibt es Hoffnung. Alles lässt sich regeln, solange wir leben. Ich habe vor vielen Jahren das Buch »Alles Glück kommt nie« von Anna Gavalda gelesen und erinnere mich, dass es mich zunächst nicht packte. Eigentlich wollte ich es schon wieder beiseitelegen, als meine Schwester mir berichtete, dass dies eins der besten Bücher sei, das sie jemals gelesen habe. Und siehe da, es hinterließ einen nachhaltigen, tiefen Eindruck bei mir: Die Protagonistin hat ein wirklich hartes, schweres Leben, erleidet viele Verluste, ein hohes Maß an seelischen Schmerzen, erfährt auch existenzielle Probleme, aber sie sagt immer immer wieder: »Das Einzige, was wirklich zählt, ist, dass wir am Leben sind – solange wir leben, gibt es Hoffnung.«

Diese Haltung gibt sie weiter, insbesondere dem Menschen, den sie wohl am meisten liebt, ihrem Sohn. Dieser Glaubenssatz lässt sich im Grunde auf fast alle unsere Probleme und Schwierigkeiten anwenden.

Wachsen durch die Krise

Nichts ist so revolutionierend auf den Blick der Dinge wie eine existenzielle Krise, die uns in der Regel lehrt, Wichtiges von Unwichtigem und Notwendiges von Überflüssigem zu trennen. Dazu passt, dass nach Forschungen bei schwer Erkrankten in ca. 50% aller Fälle ein sogenanntes posttraumatisches Wachstum zu beobachten ist.

In gewisser Weise liegt genau darin eine Riesenchance. Es gibt – frei nach dem Motto ›Krise als Chance‹ – die Möglichkeit, dass unser Leben durch die Krise mehr Tiefgang erhält und wir daran wachsen. Auch dies kann uns wieder Hoffnung geben. Alltäglichkeiten werden zu etwas Besonderem, sobald uns bewusst wird, dass diese eben auch nicht selbstverständlich sind, sondern im Grunde immer ein Geschenk. Der Alltag erscheint oft so mühsam, so eingefahren, kräftezehrend – aber ist der Alltag nicht das, was unser Leben ausmacht, weil er alle Tage ist? Erst dann, wenn wir fühlen, dass uns dies jederzeit weggenommen wird, lernen wir es richtig zu schätzen. Wir können die Welt mit neuen Augen sehen, wirklich dankbar werden für das Geschenk des Lebens. Dies haben mir viele Kranke so bestätigt. Solange wir leben, gibt es Hoffnung und wir alle können anderen Hoffnung geben: durch unser da sein, zuhören, Hand halten, trösten.

Hoffnung vermitteln

Können Sie anderen Menschen Hoffnung vermitteln? Wer hat Ihnen Hoffnung geschenkt? Mittlerweile bin ich fast soweit anzunehmen, dass eine meiner wichtigsten Aufgaben als Ärztin und Psychotherapeutin darin besteht, eben diese Hoffnung zu vermitteln. Eins meiner wichtigsten Werkzeuge zur Vermittlung von Hoffnung ist die Sprache.

Wenn es uns gelingt, Hoffnung zu schöpfen, Vertrauen und Zuversicht aufzubauen, durch eine bewusstere Anwendung unserer Sprache unsere Welt differenzierter wahrzunehmen, erlangen wir ein tieferes Verständnis dafür, dass es gar nicht darum geht, an einem Ziel anzukommen. Das bedeutet nicht, dass wir keine Ziele haben können. Ziele zu haben macht bis zu einem bestimmten Punkt Sinn. Wir können Visionen entwickeln, reflektieren, wie wir unser Leben leben und wofür wir unsere Kraft und Energie einsetzen wollen. Das Einsetzen dieser Kraft, das Leben an sich spielt sich jedoch immer im Hier und Jetzt ab: Das Leben ist heute.

Wenn wir Klarheit in unser Leben bringen, uns im Hier und Jetzt erden, durch Abschließen mit Unveränderlichem und Ausrichtung auf die Gegenwart in unserem Leben landen, sind wir so weit gekommen, wie wir kommen können. So können wir endlich unser Leid transformieren und auch transzendieren, überschreiten, was zu Beginn der Reise und des ganzen Prozesses noch unmöglich schien.

Long story short

Wenn wir krank werden oder in anderen Krisen stecken, brauchen wir Zuspruch und Zuversicht. Wir brauchen Hoffnung.

Das Einzige, was wirklich zählt, ist, dass wir am Leben sind – solange wir leben, gibt es Hoffnung.

Wenn wir in der Krise Hoffnung schöpfen können, zeigt sich irgendwann der Alltag in neuem Glanz.

Can-do list

Haben Sie schon einmal die Hoffnung verloren? Konnten Sie diese wiederfinden? Wenn ja, wie?

Gibt es für Sie einen Unterschied zwischen Hoffnung und Vertrauen? Welchen? Hilft Ihnen diese Unterscheidung?

Wem haben Sie durch Ihr Wirken Hoffnung geschenkt?

Der Weg ist das Ziel

Sind wir uns unserer Endlichkeit bewusst, so kann das dabei helfen, die Gegenwart intensiv zu genießen und ganz in dieser aufzugehen. Dies hat meist einen gewissen ›bittersüßen‹ Beigeschmack: Wir wissen schlichtweg nicht, ob wir jemals wieder etwas erleben werden wie jetzt gerade, oder ob wir jemals wieder in der Gegenwart der geliebten Person sein werden, mit der wir gerade zusammen sind. Eine meiner Lieblingsautorinnen, Susan Cain, hat zu dieser Thematik gerade ein großartiges Buch »Bittersüß« herausgebracht.

Bei dem Prozess der Transformation, die im Bewusstsein um unsere Endlichkeit bei gleichzeitigem intensivem Auskosten der Süße des Augenblicks möglich wird, hilft ein Faktor vor allen anderen: die Dankbarkeit.

Schlüssel 26 – Dankbarkeit empfinden

Die Forschungsergebnisse der Positiven Psychologie belegen eindeutig, dass Dankbarkeit von allen Kräften die stärkste transformative Kraft hat. Das Betrachten der Dinge durch die Brille der Dankbarkeit ist somit von elementarer Bedeutung und kann unseren Blick aufs Leben, ja unser ganzes Leben, substanziell verändern.

Dieser Prozess hängt aus meiner Sicht untrennbar mit dem zusammen, was in der psychotherapeutischen Fachsprache unter »framing« und »reframing« verstanden wird. Framing bedeutet, welchen Rahmen wir den Dingen geben, und Reframing bedeutet, ob und wie es uns gelingt, schwierigen, herausfordernden oder auch kaum aushaltbaren Dingen einen anderen Rahmen zu geben.

Dankbar zu sein ist leicht, wenn es uns gut geht und uns alles zuzufliegen scheint. Mit schwierigen Gegebenheiten zurechtzukommen und trotzdem eine Grundhaltung der Dankbarkeit einzunehmen, ist dagegen eine hohe Kunst. In dunklen Zeiten ist dies viel schwieriger und scheint manchmal nahezu unmöglich.

> — Dankbarkeit ist ein wichtiger Schlüssel auf dem Weg zur Lebenszufriedenheit, wenn nicht der wichtigste. —

Niklas, ein sehr sympathischer Mann um die 50, ist seit vielen Jahren leicht- bis mittelgradig depressiv, wir sprechen von einer Dysthymia. Er äußert immer wieder, unzufrieden zu sein; es gäbe für ihn schlichtweg keinen Grund zur Zufriedenheit. Seine Ehe sei wenig erfüllend, der Job mittelmäßig, die Beziehung zu den Eltern ungeklärt, es gäbe keine tiefer gehenden Freundschaften. Kritiker sagen an dieser Stelle oft, dass es diesen Menschen wie Niklas ›wohl zu gut gehe‹, er ›undankbar‹ sei. Fakt ist jedoch, dass Niklas sehr leidet. Er hat Schlafstörungen, trinkt zu viel, hat psychosomatische Beschwerden. Er empfindet im Alltag regelrechten Stress.

Ein Zugang über die Vernunft hilft Niklas nicht weiter, es hilft ihm (erst einmal) nicht, wenn er diese Dinge nur mit dem Kopf erfasst. Es geht darum, ihn emotional zu berühren. Im psychotherapeutischen Gespräch geht es zunächst darum, ihm Ansehen zu geben, ihn in seinem Leid wahrzunehmen. Niklas ist nicht damit geholfen, wenn ich ihm die Zufriedenheitsrelationen unter die Nase reibe. Im Gegenteil, sein Leid wird noch größer, da er ja darum weiß, dass es ihm ›eigentlich gut gehen‹ müsste.

Erst wenn wir uns mit dem Leid anderer Menschen verbinden und deren Leid fühlen können, kann sich etwas verändern. Dies hilft tatsächlich sehr beim Ordnen unserer Prioritäten. Wenn wir uns mit anderen verbinden, uns vom Leid anderer Menschen berühren lassen können, relativieren wir damit unser eigenes Leid. Die Tatsache, dass wir ein Dach über dem Kopf und genug zu essen haben, nicht frieren müssen und lesen können, ein Girokonto haben und einen PC hebt uns hierzulande zwar von einem Großteil der Weltbevölkerung ab, aber bringt Niklas nichts. Dann müsste ich meine Praxis schließen und für »Ärzte ohne Grenzen« in die Krisengebiete der Welt fahren. Ich hatte tatsächlich eine Phase, in der ich diese Variante für mich bevorzugt hätte. Aus verschiedenen Gründen habe ich mich dann aber für meinen Weg entschieden. Geholfen hat mir vor allem das Bewusstsein darum, dass auch hierzulande Menschen leiden.

Das eigentliche Leid besteht für Niklas darin, dass er nicht mit anderen verbunden ist und sich vom Leid anderer nicht so berühren lassen kann, dass ihm dies ermöglicht, einen anderen Blick auf sein eigenes Leben zu werfen.

Dass weltweit an vielen Stellen unfassbares existenzielles Leid herrscht, Abermillionen Menschen Hunger leiden, kein sauberes Trinkwasser haben, nicht geimpft werden können und an Infektionskrankheiten sterben, ist schrecklich und verlangt ebenfalls nach Handlung. Es tröstet jedoch in unserem Land keinen Sozialhilfeempfänger, der sich schämt, weil die Klassenkasse das Geld für die Klassenfahrt seines Kindes aufbringen muss.

Man bemisst sich immer innerhalb seines eigenen ›Dunstkreises‹. Wir vergleichen uns mit anderen dort, wo wir sind.

Der Wendepunkt war für Niklas gekommen, als er nicht nur vom Kopf, sondern auch vom Herzen her erfassen konnte, dass es Gutes in seinem Leben gibt, für das er Dankbarkeit empfinden konnte.

Marshall B. Rosenberg berichtet folgende Geschichte: Ein junger Mann erzählt in einem mitgenommenen Tonfall, dass er Todesängste ausgestanden habe, als seine Mutter ihn nicht vom Gitarrenunterricht abholte. Er saß verloren auf den Stufen eines Gebäudes und wartete gefühlt stundenlang; er sei verzweifelt gewesen, habe schreckliche Angst gehabt. Im nächsten von Rosenberg geführten Interview berichtet ein anderer junger Mann im selben Tonfall davon, dass seine ganze Familie im KZ vergast worden sei. Dem Zuhörer bleibt die Luft weg und die erste intuitive Reaktion ist verständlich: Er ist fast genervt von dem ersten jungen Mann und denkt sich: »Mensch Junge, stelle dich doch nicht so an, deine Mutter wird schon jeden Moment um die Ecke kommen, und selbst wenn was passiert ist, du hast immer noch deine ganze Familie. Schau mal auf den anderen, der hat überhaupt niemanden mehr.« Was hilft uns hier? Eine meiner wichtigsten Erkenntnisse der letzten Jahre:

— Leid lässt sich nicht miteinander vergleichen! —

Der erste Junge fühlt sich genauso schlecht, ist genauso verzweifelt wie der zweite, wofür es verschiedene Gründe geben kann. Vielleicht hat er eine ängstlichere und unsicherere Grundstruktur, vielleicht hat er schon anderes Schlimmes erlebt, vielleicht hängt er ganz besonders an seiner Mutter oder … oder … Der zweite junge Mann hat mit Sicherheit unsägliches Leid erlitten, aber er scheint einen Weg gefunden zu haben, damit zurechtzukommen, sein Leid zu transformieren. Vielleicht ist er besonders resilient, nimmt Kraft von einem Ort, von dem die meisten von uns nicht wissen, dass er existiert. Es gibt viele solcher unglaublich anmutenden Geschichten. So gibt es Menschen, die unsägliche, unvorstellbare Dinge wie z. B. Entführungen mit teils jahrelanger Gefangenschaft überstanden haben, ohne substanziellen Schaden genommen zu haben. Ich vermute, dass die pure Dankbarkeit für das Geschenk des (Über-)Lebens an sich einen großen Anteil daran hatte, dass dies möglich ist.

Im Film »Mut zum Überleben« berichten vier KZ-Überlebende von ihren lebensverändernden Erlebnissen und Erfahrungen. Insbesondere eine ganz reizende ca. 90-jährige, heute in Israel Lebende rührte mich sehr, als sie berichtete, dass nach der Befreiung für sie zu keinem Zeitpunkt auch nur der Hauch eines Zweifels daran bestanden habe, dass das Leben lebenswert sei. Sie sagte, dass man doch nur Kindern in die Augen schauen müsse, um zu verstehen, dass das Leben schön sei und Sinn mache. Sie sprach von ihrer Liebe zur Natur, zu den Blumen, auch zur Musik und zur Kultur im Allgemeinen. Diese Frau strahlte das wirklich aus. Es war sehr ergreifend, ihr zuzuhören und zuzuschauen. Ich kann mir überhaupt nicht vorstellen, dass ich in einer solchen Situation bzw. nach so schrecklichen Erlebnissen auch nur ansatzweise in der Lage wäre, so zu denken – auch wenn ich es mir erhoffen würde. Ich verneige mich in Ehrfurcht vor dieser Frau und zugleich vor all denen, die ein ähnliches Schicksal erlebt haben und denen es nicht möglich war, mit dieser Haltung daraus hervorzugehen. So ist es wohl nur den Allerwenigsten gelungen.

In diesen Tagen (2022) erhält dies sehr traurige Aktualität: Nach Ausbruch des Ukraine-Kriegs am 24.02.22 äußerten viele Patient*innen durchaus konkrete Ängste. Die meisten gaben jedoch zugleich an, im Lichte der fürchterlichen Bilder im Grunde nochmal richtig zu begreifen, wie gut es uns hierzulande gehe, da wir keine existenzielle Not leiden und vor allen Dingen unsere liebsten Menschen um uns herum haben. So kann sich manchmal wie durch ein Brennglas nochmal deutlicher zeigen, worauf es ankommt. Voraussetzung hierfür ist ein Einverstanden-Sein mit uns, mit unserem Leben, Dankbarkeit für das, was ist.

> —— Gut, wenn uns Folgendes gelingt: unablässig, unaufhaltsam, ununterbrochen dankbar zu sein für die Tatsache an sich, dass wir leben. ——

Dankbarkeit und die damit einhergehende Veränderung unseres Blickes aufs Leben bietet somit das Potenzial, unser Leben zu transformieren, unser Leid zu verwandeln und hinter uns zu lassen, soweit das geht. Wir überschreiten das Leid und transzendieren es. So werden wir im Ganzen im wortwörtlichen Sinn zufriedener, wir schließen Frieden mit uns und der Welt.

Wenn es uns zudem gelingt, durch die Brille der Ehrfurcht auf das Leben, das Wunder des Lebens zu schauen und Demut davor zu empfinden, haben wir unser Leid integriert. Dann können wir dankbar dafür sein, dass unsere Symptomatik, all unsere inneren Kämpfe und unser Leid in gewisser Weise insofern einen Sinn gehabt haben, als dass diese uns den Weg zu uns selbst geebnet haben, in unser Inneres und Innerstes.

Mir ist bewusst, dass dies immer nur für einen Teil der Menschen gilt bzw. dass es sich für diejenigen, die noch am Anfang des Prozesses sind und deren teils heftige Symptome sie noch voll im Griff haben, fast wie Hohn anhören mag. Glauben Sie mir bitte: das ist es nicht. Ich habe so viele teils unglaubliche Wandlungen miterlebt, dass ich mir sicher bin, dass es praktisch immer gelingen kann, Veränderungen herbeizuführen, auch wenn dies erst einmal nicht so scheint. Und teils geht es nur in klitzekleinen Schritten und nahezu unmerklich, aber es geht. Jeder braucht etwas anderes, und manchem scheint die Veränderung am Anfang unmöglich.

Vielleicht bin ich unverbesserlich optimistisch oder bewege mich an der Grenze zur Naivität, aber ich kann sagen, dass nach zwölf Jahren Praxis und hunderten, immer einzigartigen Geschichten noch keine einzige dabei war, die mir meinen Mut und meine Hoffnung auf einen guten Ausgang und die Möglichkeit zur Veränderung genommen hat.

Long story short

Die Forschungsergebnisse der Positiven Psychologie belegen, dass Dankbarkeit von allen Kräften die stärkste transformative Kraft hat. Das Betrachten der Dinge durch die Brille der Dankbarkeit kann unseren Blick aufs Leben, unser ganzes Leben substanziell verändern.

Leid lässt sich nicht miteinander vergleichen. Wir messen uns immer an dem, was wir sehen und uns umgibt, unseren Bezugspunkten in unserem Leben. Das Empfinden von Dankbarkeit kann unser Leid positiv beeinflussen und diesem einen anderen Rahmen geben, es transformieren.

Durch Praktizieren von Dankbarkeit gelingt es uns, uns von anderen und auch deren Leid berühren zu lassen. Wir können uns besser und leichter mit anderen verbinden. Dadurch werden wir menschlicher.

Can-do list

Wofür sind Sie dankbar? Fällt es Ihnen leicht, dankbar zu sein und dies auch zum Ausdruck zu bringen? Haben Sie einmal aufgeschrieben, wofür Sie dankbar sind, auch über längere Zeit, z.B. mithilfe des äußerst empfehlenswerten Sechs-Minuten-Tagebuchs, in dem Sie täglich in sechs Minuten die Dinge notieren, für die Sie Dankbarkeit empfinden?

Kommen Sie sich manchmal auch undankbar vor bzw. hat Ihnen schon einmal jemand vorgeworfen, undankbar zu sein? Was hat das mit Ihnen gemacht? Hat es Sie eher frustriert und entmutigt oder angespornt, Dinge zu verändern?

Wem und welchen Umständen sind Sie dankbar? Haben Sie das Gefühl, dass das bewusste Erleben und Praktizieren von Dankbarkeit Ihr Leben bereichern oder vielleicht sogar seine Qualität nachhaltig verbessern kann?

Schlüssel 27 – Ehrfurcht und Zufriedenheit

»Lebe jeden Tag, als wäre es der letzte« – was genau will uns dieser Kalenderspruch eigentlich sagen? Soll es bedeuten, dass wir jeden Tag nur noch das tun, wozu wir wirklich Lust haben, Party machen und Blödsinn anstellen? Was würden wir tun, wenn wir wüssten, dass wir nur noch einen Tag, einen Monat, ein Jahr oder auch fünf Jahre zu leben hätten?

Mit Sicherheit ist es sinnvoll, sich diese Fragen zu stellen und sich seiner Endlichkeit bewusst zu werden. Der entscheidende Punkt aus meiner Sicht ist aber der folgende:

> — Wenn es uns gelingt, das Erleben der Endlichkeit dahingehend als Bereicherung zu erleben, dass uns die unwiederbringliche Einzigartigkeit und Einmaligkeit des Augenblicks, des Hier und Jetzt, diesen ganz bewusst intensiv und tief erleben lässt, ist alles gut. Dann sind wir so in unserem Leben drin, wie es überhaupt möglich ist. —

In diesem Sinne: Wenn wir das, was wir tun, mit dem ganzen Herzen und voller Aufmerksamkeit tun, leben wir im Grunde so, als wäre dieser Tag der letzte. Es kommt nicht darauf an, was wir tun, sondern wie wir es tun. Ob wir mit dem ganzen Herzen dabei sind oder nur mit dem halben, halbherzig oder sogar gar nicht, also herzlos.

Es bleibt dennoch ein Spannungsfeld. In ständiger Angst vor unserem potenziellen Ende zu leben, erscheint mir als schlimmer Gedanke. Angst vor dem Ende, dem Tod, drückt vor allem aus, dass wir bestimmte Dinge noch nicht gelebt haben, Chancen verpasst oder schmerzlich vermisst haben. Dies wird natürlich noch sehr viel intensiver, wenn wir wirklich richtig krank sind, dann spüren wir unsere Endlichkeit. Wir alle kennen Menschen, die gegen alle Wahrscheinlichkeit trotz schwerer Krankheit lange gelebt haben, teils auch erstaunlich gut; und wir kennen Menschen, die aus bester Gesundheit heraus plötzlich sterben oder tödlich verunglücken. Für uns alle ist es, egal in welcher Situation wir genau sind, immer ein guter Weg, das Aktuelle, das Hier und Jetzt zu schätzen. Wir wissen nie, wie viel Zeit wir noch haben.

Vor dem Hintergrund des drohenden Todes eines geliebten Menschen oder auch nur vor der Bewusstwerdung um die Möglichkeit bzw. die ›Nicht-Selbstverständlichkeit‹ des Lebens nehmen wir die Anwesenheit der geliebten Menschen um uns herum viel intensiver wahr. Ich kann mich sehr gut erinnern, dass ich in den Nachrichten hörte, dass eine 18-Jährige am Leverkusener Kreuz tödlich verunglückt war, als meine jüngere Tochter gerade gut den Führerschein gemacht hatte und auch mit dem Auto im Kölner Raum unterwegs war. Sie wusste gar nicht, wie ihr geschah, als ich ihr um den Hals fiel und sie bis zum Umfallen drückte, als sie nach Hause kam. Vielleicht ist es schade, dass wir nicht immer so leben und empfinden können, aber zugleich allzu menschlich.

Natürlich können wir schlichtweg nicht immer lieb, freundlich und geduldig sein – das ist gar nicht der springende Punkt. Aber wir können uns immer und jederzeit bewusst machen, dass wir uns und den Menschen um uns herum das Leben sehr viel leichter machen können, wenn wir über bestimmte Äußerlichkeiten großzügig hinwegsehen – um des großen Ganzen, um der Beziehungen und um der Menschen, die wir lieben, willen.

Aus meiner Erfahrung

Ich bin bestimmt nicht perfekt darin, aber habe diesbezüglich eine sehr wichtige und entscheidende Lektion von meiner älteren Tochter gelernt: Sie hatte als Jugendliche die Angewohnheit, Umverpackungen von Eis in der Tiefkühltruhe zu lassen, selbst dann, wenn sie diese leer gemacht hatte. So fand ich im Zweifel eine leere Packung vor. Daran entzündete sich immer wieder ein heftiger Streit – ich fand sie schlampig und rücksichtslos, sie mich nervig und pingelig. Das alles war anstrengend und kräftezehrend, vor allem natürlich überflüssig. Nach dem Abitur ging sie als Au-pair nach Dublin, danach mit einem guten Freund nach Berlin. Zuerst war nur ein halbes Jahr geplant, dann wurden umständehalber mehr als vier Jahre daraus. Die Streitigkeiten waren natürlich längst vergessen, ich fuhr sie häufig dort besuchen, sie kam auch öfter nach Hause. Ich merkte, dass sie sich in diesem Punkt weiterentwickelt hatte und es mir mittlerweile kaum noch was ausmachte, wenn doch nochmal etwas rumlag; ich freute mich einfach, dass sie da war. Vorher hatte ich das für selbstverständlich gehalten. Dann wurde sie sehr krank.

Damit fing ein neues Kapitel in unserer Beziehung an: Sie brach ihre Zelte in Berlin ab und zog erst nochmal bei mir ein, um sich erholen und regenerieren zu können. Damals schwor ich mir, dass ich mich fortan einfach gar nicht mehr aufregen würde über was auch immer – und es gelang mir tatsächlich, zumindest fast immer. Das Leben war so viel schöner, einfacher und entspannter. Und ich bin wirklich richtig glücklich, dass ich diese Phase, für die ich mich heute wirklich schäme, überwunden habe. Gott sei Dank hat sich alles sehr zum Positiven entwickelt, meine Tochter ist wieder gesund und hat sich ein wundervolles Leben mit ihrer eigenen kleinen Familie aufgebaut, was mich sehr glücklich macht. Und wenn ich heute nochmal eine leere Eispackung in der Kühltruhe oder einen Eisstiel in einem Blumentopf finde, muss ich lachen und habe direkt wieder die ganze Thematik im Kopf, als Erinnerung daran, um was es eigentlich wirklich geht. – Ich bin demütig geworden. – Davon abgesehen hat sie mit ihrer Familie eine wunderschöne, helle und aufgeräumte Wohnung, trotz meiner lebhaften Enkeltochter.

Was wir daraus lernen können: Unter allen Umständen ist es möglich, Dinge aus einer anderen Perspektive heraus zu betrachten. Dankbarkeit und auch diese im Grunde voraussetzende bzw. implizierende Akzeptanz sind wahrscheinlich die wichtigsten Transformationsaktivatoren für einen veränderten, zufriedeneren Blick aufs Leben.

Dies gelingt wahrscheinlich Menschen eher, die gemäß der Weisheit von Viktor Frankl – »Der Mensch ist nicht auf Glück, sondern auf Sinn angelegt« – Sinn finden in dem, was sie tun, und sich so einen anderen Blick auf die Dinge erschließen. Wenn wir etwas Sinnvolles tun und uns auch darüber mit anderen verbinden, müssen wir uns die Frage nach dem Glück gar nicht stellen.

Vielleicht ist es so, dass manche Menschen etwas mehr Talent zum Glücklichsein haben als andere. Aber wie viele Talente lässt sich dies ja auch fördern oder trainieren. Die große Frage ist ja auch, wie wir Glück überhaupt definieren.

Das Glück ist flüchtig, wie schon J. W. Goethe im Faust so trefflich und einprägsam geschrieben hat »Oh Augenblick, verweile doch …«. Es liegt in der Natur der Sache, dass wir dies nicht festhalten können. Und es kommt völlig unverhofft, plötzlich und oft gerade dann, wenn wir gar nicht damit rechnen.

Meiner Erfahrung nach stehen diese Glückserlebnisse sehr häufig in Zusammenhang mit der Natur wie das unerwartete Beobachten eines spektakulären Naturschauspiels, ein wunderschöner Sonnenaufgang, eine grandiose Aussicht auf ein Tal, der Blick auf das sonnenbeschienene gleißende Meer, dessen Schaumkronen tanzen, oder auch einfach nur die Wahrnehmung des Spiels des Windes in den Wipfeln der Bäume, ein Zitronenfalter, ein Rotkehlchen, ein Eichhörnchen. Wir können uns ehrfürchtig von diesen Augenblicken ergreifen lassen und ganz in diesen aufgehen. Dann sind wir im Frieden. Der kurze, flüchtige Augenblick bedeutet Glück.

Wenn wir Frieden mit uns und der Welt schließen und Frieden empfinden, haben wir ein gutes Grundgefühl für uns selbst und sind in unserem Leben angekommen.

Vielleicht trägt das bewusste Erleben von vielen glücklichen Momenten dazu bei, dass wir im Ganzen zufriedener werden; dies ist tiefer und tragender. Frieden ist interessanterweise Teil des Wortes, sozusagen Teil der Zufriedenheit.

Long story short

Wenn wir zufrieden mit uns und unserem Leben sind und das, was wir tun, mit dem ganzen Herzen und voller Aufmerksamkeit tun, leben wir im Grunde so, als wäre dieser Tag der letzte.

Vor dem Hintergrund und im Bewusstsein um unsere Endlichkeit können wir Demut empfinden, wenn wir unsere geliebten Menschen um uns herumhaben; das Bewusstwerden der ›Nicht-Selbstverständlichkeit‹ lässt uns die Anwesenheit der geliebten Menschen um uns herum viel intensiver wahrnehmen.

Insbesondere Erlebnisse in und mit der Natur, das Beobachten spektakulärer Naturereignisse wie Sonnenauf- oder -untergänge und grandioser Aussichten, aber auch das bewusste Beobachten von schönen kleinen oder großen Tieren oder von Pflanzen kann uns Ehrfurcht lehren. Dies kann uns Frieden und Zufriedenheit bringen.

Can-do list

Was trägt zu Ihrer Zufriedenheit bei? Denken auch Sie, dass Zufriedenheit und innerer Frieden miteinander zusammenhängen? Glauben Sie, dass hier auch Möglichkeiten für das Erreichen von Frieden auf höherer Ebene liegen?

Demut und Ehrfurcht sind zwei Begriffe, die etwas aus der Zeit gefallen zu sein scheinen – können Sie trotzdem etwas damit anfangen? Tun sich vielleicht Chancen und Möglichkeiten auf, wenn Sie Ihr Leben im Hinblick auf diese Begriffe unter die Lupe nehmen?

Inwieweit tragen Sie durch Ihr Wirken dazu bei, dass die Welt ein friedlicherer Ort ist? Gibt es Wünsche oder Vorschläge in diesem Bereich?

Kindererziehung

Wir können unseren Kindern ihr Schicksal nicht abnehmen. So traurig es zu sein scheint, aber ein gewisses Maß an Frustration, Stress oder Konflikten mit Peers braucht es offensichtlich, um zu einem kompetenten Erwachsenen heranzuwachsen, der mit Widrigkeiten und Schwierigkeiten umzugehen vermag. Wie so oft kommt es auf das Maß an – und auf den Einzelfall. Wenn unser Kind in der Schule gemobbt wird, weinend nach Hause kommt, ja, schlimmstenfalls aufhört, über seine Probleme zu sprechen, ist es natürlich höchste Zeit zu schauen, was man tun kann, um sich einzubringen. Oft ist es aber auch hier so, dass die Erfahrungen des Kindes eigene unliebsame Erinnerungen triggern, man quasi wieder in seinem eigenen Film von früher ist, den man seinem Kind ersparen will – und dabei vergisst, nicht selbst das Kind zu sein, das halt es selbst und im Grunde ganz anders ist als wir selbst, mag es noch so viel Ähnlichkeit geben. Das Kind ist ein ganz anderes Wesen und lebt in einer anderen Welt/Zeit/Ära/gesellschaftlichen Epoche. Es hat andere Interaktionen – und oftmals mehr Möglichkeiten als wir selbst. Wie oft machen wir, vor allem wir Mütter, uns das Leid unserer Kinder zu eigen und richten damit mehr Schaden als Nutzen an.

Eltern bieten Orientierung

Ich werde nie eine Situation aus einer Gruppentherapie vergessen, in der eine Frau unter Tränen davon erzählte, dass ihre Tochter an ihrem Studienort nicht zurechtkäme, jeden Abend bei ihr anrufe und weine; sie müsse dann immer mitweinen. Mit Sicherheit ist es sinnvoll und hilfreich, mitzufühlen; nicht sinnvoll ist hingegen, mitzuleiden. Wenn wir mitleiden, machen wir uns das Leid des anderen zu eigen. Dieser hat dann noch ein Problem mehr: Er hat nämlich außerdem Schuldgefühle, weil er jetzt vermeintlich auch noch der armen Mama Kummer gemacht hat.

Was bräuchte denn unsere Studentin? Eine Mutter (oder einen Vater), die/der sie ermutigt, aufbaut, an ihre Fähigkeiten, Fertigkeiten, Ressourcen appelliert, ihr vermittelt, wie gut und bereichernd es sein kann, sich in eine neue Umgebung einzufinden, diese zu entdecken, etc. Als Mutter oder Vater ist es toll, wenn ich meinem Kind Leuchtturm bin, Orientierung biete, auch einen sicheren Hafen. Über diese Vorbildfunktion können wir bei unseren Kindern bewirken, dass diese immer stärker werden und wir uns damit quasi verzichtbar, überflüssig machen. Dies wird nie ganz gelingen – solange unsere Eltern leben, werden sie für uns (unter der Voraussetzung, dass es eine gesunde Beziehung ist) Bezugspunkt bleiben; das ist auch gut so, solange wir Eltern selbst überlebensfähig und stabil genug sind.

Aus meiner Erfahrung

Meine Mutter sagt, dass ihr Hauptziel immer gewesen sei, uns (meine beiden Geschwister und mich) zu stabilen, selbstständigen und guten Erwachsenen zu erziehen, und das ist ihr (und meinem Vater) ganz gut gelungen, finde ich. Trotzdem bin ich froh und glücklich, dass meine Mutter noch da ist (mein Vater ist leider 2013 verstorben); auch wenn ich sie faktisch selten um Rat frage, ist es einfach schön zu wissen, dass sie da ist und die Dinge wertschätzt, die wir tun, und stolz auf uns ist. Dafür bin ich sehr sehr dankbar.

Kinder bringen Anlagen mit

Wir können versuchen, das Beste zu geben und für unsere Kinder da zu sein; an dem einen oder anderen Punkt wird uns das nicht gelingen, einfach deshalb, weil wir Menschen sind. Ich nenne es ›mütterlichen‹ (oder wahlweise ›elterlichen‹) Größenwahn, wenn wir annehmen, wir bräuchten nur ›alles richtig zu machen‹, dann würde sich schon das gewünschte Ergebnis zeigen. Im Grunde ist es ein Segen, dass dies nicht so ist, dann wären wir Menschen ja hundertprozentig konditionierbar, steuerbar, vorhersagbar – was wäre denn das für ein Alptraum. Wir bräuchten nur Zutaten

A, B, C dazuzutun, damit X, Y, Z hinten rauskommt – Willkommen bei George Orwell und Aldous Huxley!

So ist es zum Glück nicht. Kinder kommen mit bestimmten Anlagen und Veranlagungen auf die Welt, und wie sie sich entwickeln, hängt selbstverständlich mit davon ab, wie wir ihnen begegnen, was wir ihnen mitgeben, wie wir sie ins Leben einführen und wie es uns gelingt, ihnen Urvertrauen zu vermitteln, etc.-, aber eben nicht nur. Was sich aus dieser Gemengelage entwickelt, haben wir faktisch nicht in der Hand. Liebe und Verlässlichkeit, Stabilität und Herzenswärme, zu gegebener Zeit auch eine Prise Duft der rauen Welt sind mit Sicherheit wichtige Zutaten, aber keine Garantie.

In der Regel schreiben wir es uns selbst zu, wenn aus unseren Kindern gute Erwachsene werden. Sicherlich werden wir im Idealfall dazu beigetragen haben, aber vor allen Dingen macht es Sinn zu sehen, dass wir schlichtweg ganz viel Glück gehabt haben, wenn unser Kind auf dem richtigen Pfad bleiben konnte. Wie oft stehen Kinder, vor allem Jugendliche, mit einem Bein am Abgrund und treffen die falschen Leute. Nicht jeder, der als Jugendlicher Drogen nimmt, landet deswegen automatisch auf der schiefen Bahn oder gar im Abseits, aber es gehört schon viel innere Festigkeit dazu, wieder Boden unter den Füßen zu finden, wenn es einmal so richtig geruckelt hat.

Susann, deren Tochter eine drogeninduzierte Psychose entwickelte, saß mit Tränen in den Augen da und fragte mich, ob es denn sein könne, dass der eine Klaps, den sie ihr als Kind gegeben habe, Grund dafür sein könne, dass sie zu Drogen gegriffen habe. Ich konnte ihr guten Gewissens antworten, dass dies mit Sicherheit nicht der Fall war. Es steckt der Gedanke dahinter, dass wir dies hätten abwenden können, wenn wir nur dies und das gemacht oder auch nicht gemacht hätten, was im Grunde eine völlige Überfrachtung der Elternrolle darstellt. Wie wir uns entwickeln und die uns prägenden Erlebnisse verarbeiten, lässt sich meines Erachtens nur erfassen als sehr komplexes Zusammenspiel aus persönlichen Anlagen und Umwelteinflüssen, derer es ja unzählige gibt; – es ist schlichtweg auch Schicksal (oder wahlweise Zufall).

Hier gilt auch, dass es alle möglichen Verläufe gibt: Fälle wie der oben beschriebene, wo scheinbar alles Grundlegende stimmte und dann ›die falschen Leute‹ kamen; kaputte, dysfunktionale Familien, aus denen, einem Wunder gleichkommend, Kinder entstehen, die auf erstaunliche Art und Weise mit den ganzen Widrigkeiten und Schwierigkeiten zurechtkommen, diese beiseite wischen und einen tollen Start ins Leben hinkriegen.

Wir wissen nie genau, wie das, was wir sagen und tun, bei unseren Kindern ankommt. Was für das eine Kind gut ist, muss es für das andere längst nicht sein und umgekehrt. – Es gibt natürlich gewisse Grundregeln, von deren Beherzigung wahrscheinlich jedes Kind profitiert – eine fröhliche, wohlwollende, wertschätzende Atmosphäre schadet mit Sicherheit nie – aber schon beim Aufstellen und Befolgen müssen von Regeln fangen die Unterschiede an; die einen kommen gut klar damit und brauchen ein strenges Reglement, anderen ist es viel zu eng.

Nie werde ich vergessen – mir läuft bis heute ein Schauer über den Rücken, wenn ich daran zurückdenke – wie sich in dem Roman ›Was ich liebte‹ von Siri Hustvedt, der sich sehr in meine Seele eingebrannt hat und einer meiner All-Time-Lieblingsromane ist, die Initialzündung für die emotional sehr schwierige und komplexe Entwicklung eines Jungen aus der Trennung seiner Eltern ergab. Es mag unzählige Kinder geben, die mit einer solchen Situation umzugehen lernen; anderen gelingt es nicht. Wir können es nicht wirklich wissen. Eltern tun immer gut daran zu sehen, dass sie meist versucht haben, ihr Bestes zu geben. Dass Mist auch ein guter Dünger sein kann, mag vielleicht auch Trost sein.

Was ist Psychotherapie?

Falls Sie eine Psychotherapie für sich in Erwägung ziehen, macht es in jedem Fall Sinn, sich intensiver damit zu befassen, was das genau heißt.

Psychotherapie bedeutet wörtlich »Pflegen/Sorgen der Seele« und beinhaltet die Behandlung psychischer Störungen oder auch psychischer Folgen anderer körperlicher Erkrankungen. Daraus ergibt sich im Grunde schon, dass psychotherapeutische Prozesse nicht zwingend an professionelle Therapeut*innen gebunden sind.

Psychotherapie im engeren Sinne ist eine wissenschaftliche Methode, die versucht, Lösungen für und mit Menschen zu finden, die bestimmte krankheitswertige Symptome ausbilden. Menschen mit krankheitswertigen psychischen Symptomen können häufig mithilfe psychotherapeutischer Methoden geheilt werden oder zumindest Linderung erfahren. Wissenschaftlich anerkannte psychotherapeutische Methoden arbeiten vorwiegend auf der Grundlage von Gesprächen.

Krankheitswertige psychische Symptome sind häufig Ängste, depressive Verstimmungen wie Trauer, Niedergeschlagenheit, Verzweiflung, Freudlosigkeit, Antriebsschwäche und Erschöpfung sowie Süchte, Zwänge oder Essstörungen. Sehr wichtig ist, zu wissen, dass auch verschiedenste körperliche Beschwerden wie Bauchschmerzen, Bluthochdruck, Schlafstörungen, Kopf- und Rückenschmerzen, häufig auch vegetative Symptome wie Schweißausbrüche, Herzklopfen, Druck auf der Brust oder ein Engegefühl im Hals Hinweise auf Vorliegen einer psychischen Erkrankung sein können. Die körperlichen Symptome maskieren die zugrunde liegende psychische Symptomatik bzw. die Seele drückt sich gleichsam über den Körper aus – dies nennt man fachsprachlich psychosomatisch. Haben Sie das auch schon mal erlebt? Mit großer Wahrscheinlichkeit kennen Sie solche Reaktionsweisen Ihres Körpers. Der Volksmund drückt dies aus mit Sätzen wie ›mir sitzt die Angst im Nacken‹, ›dir ist das wohl auf den Magen geschlagen‹ oder ›sie hat ihm das Herz gebrochen‹. Dies sind geläufige Beispiele für körperliche Reaktionen darauf, dass Sie traurig, ängstlich oder wütend sind. Vielleicht fallen Ihnen noch mehr Beispiele ein.

Depressionen und Angsterkrankungen sind in Deutschland mit Abstand die häufigsten Gründe für das Aufsuchen eines Psychotherapeuten bzw. einer Psychotherapeutin.

Es gibt mannigfaltige Gründe für das Entstehen einer psychischen Erkrankung. Häufig werden die Symptome in sogenannten Schwellensituationen, also in Situationen mit sich verändernden Lebensumständen, ausgelöst. Eine Depression kann sich bei körperlicher Erkrankung, nach beruflicher Überlastung, bei bewussten oder unbewussten Konflikten mit anderen Menschen, in Trennungssituationen oder auch beim bei Tod eines nahen Angehörigen entwickeln. Auch ein zu geringes Selbstwertgefühl, ein übertriebenes Verantwortungsgefühl oder auch die Angst, Verantwortung für das eigene Leben zu übernehmen, könnten Auslöser sein. Zunehmend an Bedeutung gewinnt hierbei aus meiner Sicht vor allem bei Frauen der Hang zur Selbstoptimierung, wobei sich hier eine Persönlichkeitsstruktur mit einem hohen Selbstanspruch und die Anforderungen der Berufstätigkeit und der Familie in unheilvoller Weise treffen. Entscheidend für die Entstehung einer behandlungsbedürftigen psychischen Erkrankung sind hierbei in der Regel nicht die Umstände als solche, sondern der Umgang damit bzw. der Verlust des Kontaktes zu sich selbst und die Ausblendung der Wahrnehmung der inneren Grenzen. Oft höre ich dann Sätze wie »ich funktioniere nur noch« oder »ich fühl mich als Getriebene«.

Sich selbst erkennen

Eine erfolgreiche Behandlung setzt zunächst vor allem die Bereitschaft voraus, sich selbst zu erkennen und die eigene Selbstwahrnehmung zu schärfen. Dies ist die Voraussetzung für den Veränderungsprozess, der zunächst vor allem zu einer Symptomreduktion führen soll. Oftmals führen diese Veränderungen auch zu einem anderen Verständnis für die eigene Geschichte, einschließlich der Beziehungen zu anderen wie der Herkunftsfamilie oder der aktuellen Familie. Insofern ist eine persönliche Veränderungsmotivation Voraussetzung für diesen Prozess. Meist beinhaltet das Hinzugewinnen neuer Erkenntnisse und Sichtweisen zugleich das Loslassen und sich Verabschieden von alten Denkweisen und Mustern, was schmerzlich sein kann. Sehr wichtig hierbei ist, dass man die Richtung und das Ziel dieser Selbsterkenntnis und auch das Tempo maßgeblich mitbestimmen kann.

Wir betrachten hier ein ganzes Spektrum von Symptomen, auf dessen einer Seite eindeutig behandlungsbedürftige Störungsbilder angesiedelt sind und auf dessen anderer Seite all das zusammenläuft, was unter Selbstoptimierung und -verwirklichung, Sinnfindung und Suche aufzulisten ist.

In meiner Praxis erlebe ich häufig, dass es gelingen kann, trotz offensichtlich massiver Symptombelastung mit den richtigen Worten oder dem passenden Schlüssel, den Hilfesuchenden sehr schnell einen Weg zu eröffnen und Entlastung zu bieten.

Manche Menschen leiden ihr Leben lang und entwickeln tatsächlich eine handfeste psychische Symptomatik wie eine Angststörung oder depressive Symptome, weil sie sich als ›falsch‹ empfinden, anders als die anderen, nicht dazu gehörig. Dies habe ich sehr häufig bei introvertierten oder sensitiven Menschen erlebt, die von den maßgeblichen Bezugspersonen in ihrer Umgebung als nicht stark genug, offen genug, kommunikativ genug, eben als nicht ›... genug‹ empfunden wurden. Für diese kann sich durch die richtigen Schlüssel binnen kurzer Zeit der Blick auf das Leben ändern, auch wenn sich die sich daraus entwickelten Symptome nicht so schnell auflösen lassen.

Wer braucht Psychotherapie?

Nach meiner Erfahrung lassen sich (sehr grob) zwei Gruppen von Betroffenen unterscheiden, wobei die Übergänge fließend sein können:

GRUPPE A Menschen, bei denen eine Psychotherapie im engeren Sinne *eindeutig indiziert* ist, leiden an

- posttraumatischen Belastungsstörungen
- Angststörungen, vor allem Panikattacken
- schweren Depressionen – Sonderfall: traumatische Trauer
- Persönlichkeitsstörungen, vor allem emotional instabile,
- Somatisierungsstörungen
- Essstörungen
- Zwangsstörungen

GRUPPE B Menschen, denen mit guten Coaches, Selbsterfahrungsseminaren, Workshops, Selbstreflexion, Familienaufstellungen, Selbsthilfegruppen geholfen werden kann, leiden an

- leicht- bis mittelgradigen Depressionen
- Verlusterfahrungen
- schweren körperlichen Krankheiten

Professionelle Psychotherapie

Für die Menschen mit schweren psychischen Erkrankungen ist es unerlässlich, substanzielle professionelle Hilfe zu erhalten, um größeres Leid zur verhindern. Es muss alles dafür getan werden, damit dies umgesetzt werden kann!

Posttraumatische Belastungsstörung

Die Therapie bei PTBS oder PTSD, englisch für »Post Traumatic Stress Disease«, beinhaltet heute standardmäßig die Anwendung von EMDR (Eye Movement Desensitization and Reprocessing). Die EMDR ist eine von der US-amerikanischen Psychologin Francine Shapiro um 1990 herum entwickelte Traumatherapiemethode, die längst wissenschaftlich anerkannt ist. Im Zentrum steht das Herausarbeiten der belastenden Erinnerung(en) und der damit verbundenen Kognitionen, Gefühle und Körperempfindungen. Kernstück ist die bilaterale Stimulation während der Kontaktaufnahme zu der belastenden Erinnerung. Hierdurch wird die blockierte Verarbeitung der Erinnerungen aktiviert und ihre Verarbeitung ermöglicht, sodass das belastende Erlebnis verblasst.

Ein zentraler Punkt ist, dass die dysfunktionalen Kognitionen (die hinderlichen Glaubenssätze), sich verändern, ohne dass explizit über diese Kognitionen gesprochen wird. Dies geht in der Regel mit einer deutlichen Veränderung und Verbesserung des Körpergefühls einher. Richtig angewandt, kann durch die Auflösung bestimmter negativer Glaubenssätze der psychotherapeutische Prozess im Ganzen beschleunigt werden, da die Methode quasi als Katalysator dient. Das eigentlich Faszinierende liegt darin, dass sich hier auf einzigartige und unmittelbare Weise Folgendes zeigt: Im Kern bilden Körper, Seele und Geist eine untrennbare Einheit, sodass jeder Versuch einer künstlichen Trennung scheitern muss.

EMDR wird mittlerweile auch bei anderen Störungsbildern, die durch belastende Erlebnisse mit verursacht wurden, angewendet, z. B. bei traumatischer Trauer nach Verlusterlebnissen, schweren depressiven Erkrankungen, Angststörungen, chronischen komplexen Traumafolgestörungen nach schweren Belastungen in der Kindheit und belastungsbedingten Verhaltensstörungen von Kindern. So kann es also auch Menschen mit den anderen Krankheitsbildern in Gruppe A helfen.

Viele Heilpraktiker*innen bieten ebenfalls EMDR an, nennen dies aber meist anders, so z. B. »wingwave«, »Klopftherapie«. In puristischen psychotherapeutischen Kreisen ist dies verpönt. Ich habe allerdings schon mit vielen Patient*innen gesprochen, die positive Erfahrungen mit diesen Methoden gesammelt bzw. dadurch Linderung erfahren haben. Hier ist aus meiner Sicht Pragmatismus angebracht.

Bei PTSD ist die Therapiebedürftigkeit meist eindeutig, zumindest scheinbar. Bei näherer Betrachtung zeigt sich dann doch relativ häufig, dass die Verarbeitung traumatischer Erlebnisse in sehr starkem Maße davon abhängt, inwieweit andere Belastungsfaktoren in das Erlebte hineinspielen. Ggf. ist also auch hier eine breitere, komplexere Vorgehensweise angesagt.

Angststörungen

Für Menschen mit Angststörungen ist das Erlernen von Selbstberuhigungsstrategien essenziell. Vor allem Panikattacken bedeuten einen maximalen Kontrollverlust und sind aJus diesem Grund wirklich unerträglich. Die Betroffenen brauchen dringend ein Werkzeug, um die Kontrolle zurückzuerlangen. Kontrollverlust beinhaltet in diesem Zusammenhang, dass sie die Angst nicht mehr regulieren können. Es gibt nur noch Schwarz oder Weiß, Alles oder Nichts, Leben oder Tod. Dies wirkt etwas übertrieben, aber wenn Sie schon einmal eine Panikattacke gehabt haben, wissen Sie, dass Sie Todesangst bedeutet. Ein zentrales Symptom ist das Gefühl, jeden Moment in Ohnmacht zu fallen, das Bewusstsein zu verlieren: Ohnmacht heißt ja auch so viel wie ›ohne Macht‹, also keine Macht, Kontrolle, Steuerungsmöglichkeit mehr zu haben – für jeden ein Alptraum, da wir alle Kontrolle über unser Leben haben wollen, was sehr verständlich ist.

Menschen mit Panikattacken werden traditionell mit Verhaltenstherapie und in diesem Rahmen häufig mit einer Expositionstherapie behandelt. Das bedeutet, dass man sich den belastenden Situationen in therapeutischer Begleitung aussetzt, um sich daran zu gewöhnen. Schonender ist nach meiner Erfahrung die Anwendung von EMDR (Posttraumatische Belastungsstörung, Seite 178), da diese ein zentrales Instrument zur Besserung der Affektregulationsfähigkeit darstellt. Regulation bedeutet, dass Sie wieder ein Gespür für die Grau- und Zwischentöne bekommen, weg vom Alles oder Nichts. Ein weiteres elementares Element hierbei ist das bewusste Atmen (Schlüssel 2: Mich durch Atmung beruhigen, Seite 16). Sehr wichtig ist, dass Sie dieses bewusst einüben, solange es Ihnen noch gut geht; im Notfall können Sie diese Hilfsmittel nur abrufen, wenn Sie sie verinnerlicht haben.

Sehr wichtig ist auch zu verstehen, dass Panikattacken nie aus heiterem Himmel auftreten. Wenn Sie eine Panikattacke bekommen, bedeutet das meist, dass Sie vorher die Augen vor etwas verschlossen haben, das Sie nicht wahr haben oder sehen wollten oder konnten. Wahrscheinlich ist das unbewusst abgelaufen, deshalb ist es besonders belastend. Stellen Sie sich vor, dass Ihr Kanal nach innen verschlossen oder zumindest nicht durchgängig war. Deshalb musste sich die Panikattacke entwickeln, um Druck abzubauen und Dampf abzulassen. Auch wenn es sich komisch anhört: Die Panikattacke hat Ihnen geholfen, auf die Notwendigkeit hinzuweisen, sich mit etwas auseinanderzusetzen. Dies kann durchaus etwas Tiefsitzendes sein, wie z. B. die Angst vor einer anstehenden Auseinandersetzung, einer Entscheidung oder das längst überfällige Austragen eines Konfliktes. Die vorsichtige und behutsame Annäherung an die Hintergründe kann Ihnen dabei helfen, sich von den Symptomen befreien zu können.

Schwere Depressionen

Menschen mit schweren Depressionen sind in der Regel in einer Starre und können sich schlichtweg nicht mehr bewegen, auch seelisch nicht. Sie leiden unsäglich und werden von sehr belastenden, negativen Selbstüberzeugungen zernagt. Dies geht oftmals bis zum Selbsthass. Oft sitzen diese negativen Gedanken und Überzeugungen schon seit Jahren, teils Jahrzehnten fest. Ich bin überzeugt davon, dass die Entstehung vieler körperlicher Erkrankungen hierdurch begünstigt wird. Diese Zusammenhänge werden in einem Zweig der Medizin, der Psychoneuroimmunologie, untersucht.

An schwer depressiv erkrankten Menschen zeigt sich aus meiner Sicht ganz besonders, wie sinnvoll ein breit gefächertes, multimodales Vorgehen ist: Diese Menschen müssen aus ihrer Starre gelöst werden und etwas an die Hand bekommen, um die Kontrolle zurückzuerlangen und ihre Affekte wieder regulieren zu können. Mehr noch vielleicht als an anderer Stelle ist das Beleuchten der Hintergründe für die Entwicklung der Symptome notwendig, um weiterzukommen.

Als ich mit der Praxis anfing, hatte ich keine echte Vorstellung davon, was man mit Patient*innen in einer Langzeittherapie überhaupt machte.

Ich dachte, mit 25 Stunden kann man doch schon ganz viel erreichen, viele Ideen und Inhalte vermitteln, Perspektivwechsel aufzeigen, neue Sichtweisen entwickeln. Was ich damals noch nicht verstanden hatte:

Dinge brauchen Zeit und manche Dinge brauchen viel mehr Zeit, als man sich unter normalen Umständen bewusst macht. Ich hätte es am Anfang nicht gedacht, aber ich habe gelernt, dass viele Menschen sehr viel Zeit brauchen, um tiefe substanzielle Veränderungen vornehmen zu können und seelisch zu gesunden.

Im Grunde hätte es mir doch klar sein können: Menschen, die keine guten und stabilen Bindungsmuster erlernt haben und die über viele Jahre, größtenteils Jahrzehnte, mit einem Grundgefühl von fehlender oder zumindest unzureichender Geborgenheit, Zugehörigkeit und Vertrauen gelebt haben und hiervon zutiefst geprägt sind, brauchen selbstverständlich sehr viel Raum und Zeit, um neue (Bindungs-)Erfahrungen zu machen, umzulernen, Vertrauen aufzubauen.

Bei vielen Hilfesuchenden geht es im Grunde genommen vor allen Dingen darum, auf der Grundlage einer neuen Bindungserfahrung die Welt anders erleben und mit dieser anders leben zu können.

Von den vielen, vielen Patient*innen, die ich bisher in meiner Praxis behandelt habe, waren ca. 10–15% Langzeitpatient*innen, die 80 bis 100 Stunden zu mir gekommen sind. Diese waren praktisch alle chronisch depressiv. Die allermeisten dieser Menschen erlebten in der Endphase noch Entscheidendes, wohl, weil der Vertrauensaufbau nur ganz allmählich vonstattengehen konnte. Diese Menschen konnten sich peu à peu von ihren inneren Dämonen befreien.

Im Rahmen meiner Facharztausbildung bin ich mal einer Ausbildungsleiterin für ein psychotherapeutisches Zusatzverfahren ziemlich auf die Füße getreten. Sie sagte damals während des Unterrichts: »Die Patient*innen empfinden es oft so, dass ich der einzig vernünftige Mensch sei, mit dem sie jemals gesprochen haben.« Ich fand das damals maßlos übertrieben und sagte ihr, dass ich diese Aussage überheblich und irritierend selbstherrlich fände. Nach einiger Zeit des Bebrütens brach ich diese ergänzende Ausbildung ab und meldete der Dozentin zurück, dass ich mich mit dieser Aussage in einem solchen Umfeld sehr unwohl fühlen würde und deshalb kein Interesse hätte, dabei zu bleiben. Heute weiß ich, dass ich ihr Unrecht getan habe – sie sprach nicht aus Selbstüberschätzung, sondern aus Erfahrung. Ein bisschen schäme ich mich heute dafür, aber ich wusste es damals einfach noch nicht besser.

Im therapeutischen Kontext kann das Band des Vertrauens, das aufgebaut wird, tatsächlich von einmaliger Qualität sein – meistens dann, wenn man durch den therapeutischen Prozess der zu betreuenden Person eine sogenannte ›Nachbeelterung‹, also eine wirkliche ›Beziehungsneuerfahrung‹ mit quasi elterlicher Fürsorge ermöglicht. Bei entsprechend gelagerten Anliegen ist es eine unserer wichtigsten Aufgaben: unserem Gegenüber Konstanz, Beständigkeit, Zuverlässigkeit und liebevolle Zuwendung zu gewähren, Ansehen zu geben – und auch auszuhalten bzw. anzunehmen, wenn Dinge anders laufen als gedacht.

Konkret ist es mit Fortschreiten der Therapie sogar ein sehr gutes Zeichen, wenn jemand Dinge an mir kritisiert oder irritierend findet und diese dann auch benennt. Das ist meistens der Startschuss des Handelns auf einer neuen Ebene, das Zeichen dafür, dass jemand wirklich sicherer und stabiler geworden ist. Er hat neue Fertigkeiten und Fähigkeiten erlangt, die zu mehr Erlebnissen verhelfen, neue Horizonte aufzeigen.

Die meisten Menschen sind konfliktscheu bzw. -vermeidend – nicht, weil sie Feiglinge sind, sondern weil sie im Zusammenhang mit Konflikten teils verstörende, nahezu traumatische Erfahrungen gemacht haben.

Zu erleben, dass man Kritik äußern kann, dass das Gegenüber diese nicht persönlich nimmt, sondern konstruktiv damit umgeht, und vor allem sich der Kritik stellt, kann eine heilsame Wirkung entfalten.

Meine ehemalige Patientin Sophie steht hier stellvertretend für andere mit schweren Depressionen: In ihrem Elternhaus herrschte eine freudlose, spannungsgeladene, leistungsorientierte Atmosphäre, Reaktualisierung in der eigenen Familie, schließlich verlassen werden vom Ehemann unter erschwerten Umständen. Sophie hatte Suizidgedanken nach dieser für sie so plötzlichen und unvermittelten Trennung. Auch hier gab es einen sehr langsamen und mühsamen Verlauf. Von den Scheidungen, die ich begleitet habe, war diese eine der schwersten. Der Mann zettelte einen wahren Rosenkrieg an, das Scheidungsverfahren lief über Jahre, es gab immer wieder neue Wendungen, die teils alptraumartig empfunden wurden. Heute, nach fünf sehr harten Jahren, geht es Sophie wieder richtig gut. Sie hat eine neue stabile Partnerschaft und sich eine neue Existenz aufgebaut. Der Weg dorthin verlief allerdings durch ein tiefes schwarzes Tal. Phasenweise wusste ich nicht, ob sie den Weg hinaus schafft.

Schwere Depressionen sind immer besonders belastend. Sie haben meist mit tiefsitzenden Selbstzweifeln und Selbstwertproblemen zu tun, die häufig durch eine schwierige, wenig wohlwollend-freundliche, oft streng leistungsbezogene Atmosphäre im Elternhaus begünstigt werden. Niemand kommt depressiv auf die Welt! Es gibt Menschen, die eine Veranlagung zur Melancholie, zur Schwermut haben, aber das darf auf keinen Fall mit echter klinischer Depression verwechselt werden.

In der Psychotherapie kann im Idealfall mit der Zeit den Hilfesuchenden vermittelt werden, dass die Eltern oder primären Bezugspersonen dennoch immer ihr Bestes gegeben haben und wir heute, als Erwachsene, unseren eigenen Weg suchen und finden können.

Persönlichkeitsstörungen

Die Diagnose einer Persönlichkeitsstörung findet auf einer anderen Ebene statt, sagt sie doch in erster Linie etwas aus über die den Symptomen zugrunde liegende Persönlichkeitsstruktur. Von einer Persönlichkeitsstörung spricht man nur dann, wenn jemand durch sehr hartnäckige, tief sitzende Charakterzüge nachhaltig beeinträchtigt und langfristig darin behindert wird, ein erfülltes Leben zu führen. Bei milderen Formen spricht man hingegen von Persönlichkeitszügen. Oftmals begünstigen diese das Auftreten bestimmter Symptome. Auf dieser strukturellen Ebene gibt es drei große Gruppen, sog. Cluster:

- Gruppe I besteht aus den sehr zurückgezogenen, um sich kreisenden Menschen (schizoide und paranoide Persönlichkeitsstörung bzw. -züge).
- Gruppe II besteht aus den stark schwankenden wechselhaften Menschen (emotional instabile und histrionische Persönlichkeitsstörung bzw. -züge).
- Gruppe III sind selbstunsicher-ängstliche oder zwanghafte Persönlichkeiten.

Es ist wichtig, diese strukturelle Ebene mit einzubeziehen, da sie viel über die Ausprägung der Symptome aussagt. Ein zwanghafter Mensch mit Depressionen leidet anders als ein selbstunsicherer oder emotional instabiler Mensch. Auf einer strukturellen Ebene weisen wahrscheinlich fast alle gewisse Persönlichkeitszüge auf, die aber noch nicht per se pathologisch sind und für die es auch fast immer eine Erklärung gibt.

Im Fall einer echten Persönlichkeitsstörung liegt tatsächlich eine tiefsitzende Problematik auf struktureller Ebene vor, die ein breit gefächertes Vorgehen erforderlich macht. Insbesondere bei der sich oft sehr dramatisch darstellenden emotional instabilen Persönlichkeitsstörung braucht es dringend eine feste Struktur. Diese Menschen benötigen einen konstanten, absolut klaren und verlässlichen Resonanzkörper, der all das wettmacht, was früher nicht angelegt wurde. Die Erlangung der Fähigkeit zur Selbstberuhigung und Affektregulation ist absolut essenziell und in gewisser Weise überlebensnotwendig. Ohne professionelle Hilfe kommen diese Menschen nicht zurecht, können sich aber mit passgenauer Hilfe so gut entwickeln, dass die Symptomatik sich zurückentwickelt und ein gutes Leben möglich wird.

Somatisierungsstörung

Menschen mit Somatisierungsstörung, also mit sich auf körperlicher Ebene zeigenden seelischen Symptomen, brauchen nach meiner Erfahrung vor allem dahingehend Hilfe, ihre Symptome im Sinne von »Krankheit als Weg« verstehen zu lernen. Selbstverständlich müssen somatische, also körperliche, Differenzialdiagnosen sicher ausgeschlossen werden: Dies ist die Voraussetzung dafür, dass eine solche Diagnose überhaupt gestellt werden kann.

Essenziell ist aus meiner Sicht das Vermitteln von Verständnis dafür, dass die Symptome echt sind. Für die Betroffenen ist es meist furchtbar, wenn ›nichts gefunden wird‹, sie spüren doch die körperlichen Symptome. Ich erkläre es gerne so, dass die Beschwerden wirklich da sind, wir aber mit den heute vorhanden diagnostischen Methoden noch keine Möglichkeit haben, diese nachzuweisen, da sie sich in einem feinstofflichen Bereich abspielen, in dem seelische und körperliche Prozesse sich berühren.

Jeder diagnostizierte Befund hat sich entwickelt und ist entstanden. Körperliche Symptome lassen sich auch über die Seele beeinflussen. Kopfschmerzen lassen nach, wenn Sie ein entspannendes Bad nehmen. Das ist ein eingängiges und einfaches Beispiel dafür, das der Körper sich über die Seele beeinflussen lässt. Für viele ist es nahezu eine Offenbarung zu erleben, dass sie selbst auf ihre Symptome Einfluss nehmen können, z. B. wenn sie lernen, ruhig und tief zu atmen und sich so zu entspannen oder auch durch Sport.

Die Angst davor, dass die körperlichen Symptome schlimmer werden könnten, weil man die Ursache nicht findet, erhält diese Problematik aufrecht. Hilfe zu geben, Machbares von Nichtmachbarem unterscheiden zu lernen, ist hier ein wichtiger Schritt nach vorne.

Essstörungen

Wenn Essstörungen wie Anorexie, Bulimie oder Binge Eating im Mittelpunkt stehen, ist eine professionelle Behandlung überlebenswichtig. Die Anorexie ist unter allen psychischen Erkrankungen die bedrohlichste, da Unbehandelte und unzureichend Behandelte eine erschreckend hohe Letalität aufweisen. Mit diesen Patient*innen habe ich keine substanzielle Erfahrung und möchte an dieser Stelle auf erfahrenere Kolleg*innen verweisen.

Viele Menschen regulieren ihre Gefühle über das Essverhalten. In seelischen Krisenzeiten ist das Essverhalten bei den meisten verändert, viele Depressive hören zum Beispiel auf zu essen. Viele berichten von wirklich dramatischen Gewichtsverlusten von bis zu 25 kg innerhalb weniger Monate. Selbst wenn das dem einen oder anderen momentan als erstrebenswert erscheinen mag: so ein Gewichtsverlust ist unnatürlich und zerstörerisch. Nicht nur bei schlanken Menschen kann das bedrohlich werden. Eine andere Reaktion ist das emotionale Essen, das Trostessen, das in milder Form völlig in Ordnung ist: Sie haben wahrscheinlich auch irgendein Gericht, das in Ihnen gute Gefühle auslöst. Solange Sie das genießen können, ist es sogar hilfreich. Problematisch wird es, wenn Sie das Essen nicht mehr genießen können oder, schlimmer noch, sich sogar davor ekeln und sich schlimmstenfalls den Finger in den Hals stecken.

Die gute Nachricht ist, dass sich nach meiner Erfahrung diese Symptome deutlich bessern, wenn die zugrunde liegende Erkrankung effektiv behandelt wird. Dann verschwinden diese Symptome oftmals wie von selbst und quasi unbemerkt.

Zwangsstörungen

Zwangsstörungen werden unterteilt in Zwangshandlungen und Zwangsgedanken. Zwangshandlungen sind allgemein bekannt und meist harmlos. Denken Sie zum Beispiel an die Kontrollzwänge zu checken, ob man die Türe auch wirklich abgeschlossen, das Bügeleisen oder den Motor auch wirklich ausgemacht hat.

Unter Zwangsgedanken versteht man sich einem aufdrängende, beängstigende, regelrecht verstörende oder sogar quälende Gedanken, die man als wesensfremd, einem selbst nicht zugehörig erlebt. Diese können sich auf andere beziehen wie der Gedanke, man könnte das Messer, das auf der Küchentheke liegt, seinem Besucher in den Rücken stechen oder man könnte auch das neugeborene Baby, mit dem man über die Brücke geht, in den Fluss schmeißen. Solche Zwangsgedanken lösen unmittelbar blankes Entsetzen und Erschrecken aus, man ist total verstört und kennt sich nicht mehr wieder. Zwangsgedanken können sich auch auf einen selbst beziehen, z. B. der Gedanke, man könne das Lenkrad verreißen und den Abhang hinunterfahren oder man könnte sich selbst verletzen. Hier sind die Übergänge zu suizidalen Gedanken häufig fließend.

Zwangsgedanken stehen stets in Zusammenhang mit tiefen Ängsten, die es abzuwehren gilt; auch Zwangshandlungen sind ein quasi dysfunktionaler Versuch der Angstbewältigung, da durch das Ausführen der Handlungen eine Art von Kontrolle über das Geschehende erlangt wird.

Eine behandlungsbedürftige Zwangserkrankung besteht, wenn die Symptome viel Raum einnehmen und vor allem dann, wenn eine progrediente Dynamik vorliegt, die Symptome also schlimmer und mehr werden. Nach Leitlinien und aktueller Lehrmeinung ist die kognitive Verhaltenstherapie das am besten zur Behandlung geeignete Verfahren. Stehen die Zwangssymptome jedoch nicht im Vordergrund, sondern sind eingebettet in eine ängstlich-depressive Symptomatik, kann meiner Erfahrung nach auch eine breit aufgestellte tiefenpsychologisch fundierte Psychotherapie helfen. Zwanghaftigkeit als Wesenszug kann bei starker Ausprägung eine depressive Erkrankung begünstigen. Bei effektiver Behandlung der Depression kann sich die oft als quälend empfundene Ausprägung tatsächlich zurückbilden.

Andere Hilfen sind ausreichend

Die Menschen mit leichteren psychischen Erkrankungen können natürlich von den vorgenannten Hilfen profitieren, sind aber aus meiner Sicht nicht zwingend darauf angewiesen, dass dies aus den Händen von professionellen Psychotherapeut*innen kommt.

Leicht- bis mittelgradige Depressionen

Bei leicht- bis mittelgradigen Depressionen ist es essenziell, frühzeitig zu intervenieren, damit sich diese eingrenzen lassen, um nicht weiter fortzuschreiten. Wichtig an dieser Stelle ist zu erkennen, dass es viele verschiedene Gründe dafür geben kann, dass sich eine entsprechende Symptomatik entwickelt. Eine möglichst rasche fachkundige Abklärung ist von unschätzbar hohem Wert. Sehr häufig stecken (auch) körperliche Ursachen dahinter, wenn man sich depressiv fühlt. Oft habe ich schon erlebt, dass hinter einer Depression eine Schilddrüsenfunktionsstörung, Dysbalance der Geschlechtshormone, schwere Diätfehler, ein Übermaß an Alkohol, Bewegungsmangel oder Schlafstörungen steckten und bei deren adäquater Behandlung die Symptome schnell rückläufig waren. Zwar darf eine psychiatrische Diagnose ohnehin nur dann gestellt werden, wenn man alle körperlichen Ursachen ausgeschlossen hat, aber faktisch fließen immer verschiedene Faktoren mit ein, deren Einfluss sehr kontrovers diskutiert wird, auch innerhalb der Kollegenschaft – ein sehr weites Feld, komplex und mit Zwischentönen.

Zahlreiche Erkrankungen können eine leichte Depression auslösen. Hierzu gehören Blutarmut, Leber- und Nierenfunktionsstörungen, Schilddrüsenfunktionsstörungen und eine Blutzuckerentgleisung. Daneben gibt es viele weiche Faktoren, die durchaus großen Einfluss auf Stimmung und Antrieb haben. Hierzu zählen vor allem Ernährung und Nahrungsergänzungsmittel, Hormone, Vitamine und Spurenelemente, aber auch Sport und Schlaf. Beispielsweise wird Vitamin D von einigen Ärzt*innen immer noch als Mode-Vitamin angesehen. Nach meiner Erfahrung hilft das Etablieren eines bestimmten Spiegels jedoch vielen, vor allem chronisch Müden und Antriebsreduzierten. Während meiner Facharztausbildung erzählte eine Gynäkologin und Psychotherapeutin, dass jede zweite Frau zwischen 40 und 50, die bei ihr eine Psychotherapie machen wollte, nach Verordnung von Remifemin plus® nicht mehr wiederkommen musste. Dieses enthält Johanniskraut, das als pflanzliches Antidepressivum gilt, und Traubensilberkerze, eine Art pflanzliches Östrogen.

Noch etwas komplizierter wird es dadurch, dass sich dies nicht verallgemeinern lässt. Es gibt Menschen, die auf diese Art von Intervention sehr sensibel reagieren, und andere, auf die es keinen merklichen Einfluss nimmt. Gerade weil es so erstrebenswert ist, dass möglichst viele möglichst gut, gesund und erfüllt leben können, ist es essenziell, dass wir diese Dinge so passgenau wie möglich erfassen und Hilfestellung und Orientierung anbieten. Unsere eigentliche psychotherapeutische Arbeit fängt im Grunde erst da an, wo diese anderen Faktoren abgeklärt sind.

Nach meiner Erfahrung profitieren die allermeisten Menschen von Modifikationen ihres Lebensstils. Wahrscheinlich finden auch Sie etliche Beispiele aus Ihrem persönlichen Leben oder von Menschen in Ihrem Umfeld, die diese These unterstützen.

Das Zusammenspiel mit den körperlichen Faktoren habe ich hier genauer ausgeführt, weil es in diesem Bereich am häufigsten zum Tragen kommt und Menschen dankbar sind für solche Hinweise. Natürlich werden belastende Kindheitserinnerungen, Eheprobleme oder Überforderungserleben im Alltag nicht dadurch besser, dass wir Sport treiben oder Vitamine einnehmen, aber eine Verbesserung unserer körperlichen Befindlichkeit kann uns im Ganzen helfen, auf ein anderes Level zu kommen, auf dem wir uns stärker und kompetenter fühlen, um uns den lebensgeschichtlichen Konflikten besser stellen zu können.

Verlusterfahrungen

Verlusterfahrungen und daraus resultierende Depressionen, vor allem durch Todesfälle oder auch Trennungen, gehörten früher praktisch immer in die Hände von Seelsorgern und der Gemeinschaft. Durch das Wegbröckeln dieser Strukturen wird heute schnell der Ruf nach psychotherapeutischer Hilfe laut, wenn jemand in eine solche Situation kommt.

Depression und Trauer sind zwei sehr unterschiedliche Dinge. Trauer ist eine angemessene und auch notwendige Reaktion auf einen Todesfall und darf nicht pathologisiert werden. Dennoch werden manche Menschen einfach nicht damit fertig, dass jemand gestorben ist, und entwickeln in der Tat depressive Symptome. Müßig zu überlegen, inwieweit dies durch unsere veränderte Trauerkultur begünstigt wird. Faktisch gibt es viele verzweifelte und hilfsbedürftige Zurückgebliebene. Meine Erfahrung ist, dass die folgenden Umstände eine depressive Entwicklung begünstigen:

- Der Verstorbene ist sehr plötzlich gestorben, womöglich vor den eigenen Augen.
- Noch schlimmer ist das Miterleben oder selbst durchgeführte vergebliche Reanimation.
- Es gab Unausgesprochenes, Ungeklärtes zwischen dem Verstorbenen und dem Überlebenden. Erst jetzt wird klar, dass es keine Chance mehr darauf gibt, dies in diesem Leben noch unter vier Augen zu klären. Man wird von Schuldgefühlen geplagt, von tiefem Bedauern überwältigt.
- Die Umstände sind besonders tragisch, wie der Tod eines Kindes.
- Der Verstorbene hatte einen gewaltsamen Tod.
- Der Verstorbene hat Suizid begangen.

Psychotherapie kann hier in der Tat indiziert sein, vor allem, wenn die Todesumstände traumatisch waren oder der Todesfall massive Belastungen ans Tageslicht brachte, die es dringend aufzuarbeiten gilt. Für alle anderen Fälle lässt sich sagen, dass die Übergänge zum Seelsorgerischen fließend sind.

Auch Trennungen bedeuten eine sehr dramatische und als lebensverändernd, teils erschütternd erlebte Verlusterfahrung. Auch wenn es nicht sofort einleuchtet, so sind Trennungen oftmals sogar noch schwerer zu verkraften, weil diese zumindest die Illusion offen lassen, dass sich doch noch einmal etwas ändern, man wieder zusammenfinden könnte. In diesem Zusammenhang ist der Begriff »unzweideutiger Verlust« entstanden: Der Tod ist zwar brutal und endgültig, aber eben auch völlig klar und eindeutig. Das macht das Weiterleben, Weitermachen in gewisser Weise leichter. Die scheinbar offenen Möglichkeiten nach einer Trennung stellen zwar so gut wie immer eine Illusion dar, halten den noch Hoffenden aber in einer höchst anstrengenden Dauerschleife, die ihn davon abhält, mit dem eigenen Leben voranzuschreiten. Die Aufmerksamkeit wird dem Ex-Partner geschenkt, der die ganze Energie des Betroffenen absorbiert. Dies zu bearbeiten kann enorm herausfordernd sein. Das ungewollte Loslassen einer Partnerschaft gehört zu den schwierigsten Prüfungen, vor die wir gestellt werden können. Hierbei geht es so gut wie nie ›nur‹ um den Ex-Partner, sondern um all die bereits gemachten Verlusterfahrungen. »Liebeskummer gleich Lebenskummer« war vor vielen Jahren ein Artikel der Zeitschrift »Stern« betitelt; dies trifft es ziemlich genau. Eine Psychotherapie kann helfen, den Liebeskummer zu überwinden, wenn der Lebenskummer mit angegangen wird.

Schwere körperliche Erkrankungen

Wenn wir krank werden, körperlich und/oder seelisch, ist immer schon richtig was durcheinandergeraten. Es ist sinnvoll, sich Folgendes bewusst zu machen:

Wenn auf körperlicher Ebene eine Krankheit diagnostiziert wird, ist vorher auf feinstofflicher/molekularer/zellulärer Ebene schon sehr viel passiert, bis sich die handfesten Symptome heranbilden konnten, welche die Diagnose bedingen.

Genau das Gleiche trifft auf seelische Erkrankungen zu: Keine Depression oder Angsterkrankung fällt einfach so vom Himmel, sondern zeigt sich im Vorfeld in vielen nuancenreichen Ausprägungen. Ähnliches ist an anderer Stelle genauso zu beobachten: Kommt es z. B. zu einem

Wasserrohrbruch, ist dieses Rohr in der Regel schon lange Zeit vor sich hin korrodiert, bis es dann endgültig seine Dienste versagt. Unser Auto bringen wir alle 20.000 km zur Inspektion, zwischendurch handeln wir, wenn eine Kontrolllampe angeht oder uns etwas spanisch vorkommt. Eigentlich ist es traurig, dass wir mit diesem oftmals sorgfältiger umgehen als mit unserem Körper. Dessen Warnzeichen blenden wir oftmals schlichtweg aus und gehen darüber hinweg; zu sehr bleiben wir in unserer Vorstellung davon verhaftet, immer fit, voll leistungsfähig und belastbar sein zu müssen.

So zwingen uns der Körper oder auch die Seele zur Auseinandersetzung mit uns selbst, auch wenn wir dies eigentlich nicht wollen. Es gibt überwältigend viel Forschung über den positiven und gewinnbringenden Effekt von Psychotherapie beim Vorliegen körperlicher Erkrankungen. Besonders gut beforscht ist das Feld der Psychoonkologie, also der Psychotherapie bei Krebserkrankungen. Heute weiß man, dass fast alle von schwerwiegenden Erkrankungen wie Schmerzerkrankungen, Herzerkrankungen und von Diabetes Betroffenen von psychotherapeutischer Behandlung profitieren. Dies erklärt sich überwiegend daraus, dass eine gelungene Psychotherapie, die den Betroffenen stärkt, positive Auswirkungen auf das Immunsystem und auch andere körperliche Funktionen hat, die den Verlauf der Erkrankung eindämmen können.

Bei rein körperlichen Erkrankungen hat die Psychotherapie zugleich informativen Charakter, was sich Psychoedukation nennt. Nicht alle körperlich Kranken haben Dinge aufzuarbeiten. Bei schwer Erkrankten spielen jedoch die Auseinandersetzung mit dem Tod bzw. der Endlichkeit, das Aufräumen des Lebens, das Abschließen mit Unveränderbarem eine große Rolle. Auch hier, im spirituell-existenziellen Bereich, sind die Übergänge zur Seelsorge fließend.

Noch eine Anmerkung: Ich habe oft erlebt, dass gerade bei dramatischen Ereignissen wie einer schweren Diagnose oder dem plötzlichen Tod eines Angehörigen nahezu reflexartig nach psychotherapeutischer Hilfe gerufen wird. Häufig ist es erstaunlich, wie überraschend gut die Betroffenen mit der Situation zurechtkommen, wie resilient und widerstandsfähig Menschen sein können, welche Kraftquellen sich ihnen erschließen, von deren Existenz sie selbst noch nicht wussten. So geht es manchmal eher darum, die Angehörigen zu beruhigen als die Betroffenen selbst.

Wie finde ich einen passenden Therapieplatz?

Falls Ihre psychische Verfassung die Durchführung einer Therapie erforderlich macht, gilt es, einen Therapieplatz zu suchen und dabei hartnäckig zu bleiben. Tatsächlich ist es heute sehr schwer, einen Therapieplatz zu finden, da die Praxen fast alle überlaufen sind.

Ganz konkret kann ich empfehlen, die Telefonsprechstunden zu nutzen, um mit den potenziellen Behandler*innen oder deren Angestellten *direkt* in Kontakt zu treten. Telefonsprechstunden muss jeder zugelassene Psychotherapeut anbieten, um direkte telefonische Erreichbarkeit garantieren zu können. Falls die Telefonsprechzeiten nicht passen, sprechen Sie auf Band und bitten um Rückruf, schreiben Sie eine E-Mail oder auch einen Brief. Schildern Sie Ihr Anliegen und sagen Sie, warum Sie genau zu demjenigen wollen, den Sie kontaktieren. Erzählen Sie, woran Sie leiden, wobei und wodurch Sie sich Hilfe erhoffen. Erwähnen Sie, wenn Sie sich auf Grund einer Empfehlung an denjenigen wenden.

Es hört sich sehr hart an und niemand spricht offen darüber, aber uns professionellen Psychotherapeut*innen bleibt gar nichts anderes übrig, als zu selektieren. Für mich persönlich ist entscheidend, dass tatsächlich meine Expertise gefragt ist. Als Beispiel: Jemand ruft an, der weiter weg wohnt und sagt, dass er Ängste beim Autofahren hat und dass er die Psychotherapeut*innenliste abtelefoniert. Unter diesen Umständen werde ich demjenigen sagen, dass Ängste beim Autofahren, falls diese wirklich Krankheitswert haben, im Zweifel besser von Verhaltenstherapeut*innen oder auch Hypnotherapeut*innen behandelt werden sollten und vor allem von jemandem, der wohnortnah praktiziert. Zudem verweise ich darauf, dass wir einen Versorgungsauftrag für den Landkreis haben, in dem wir zugelassen sind. Letzteres ist zwar nicht direkt bindend, d. h. wir haben gewisse Freiheiten, aber wir sollten uns in der Auswahl unserer Patient*innen schon daran orientieren. Falls ein 150 km entfernt wohnender Angehöriger eines zufriedenen ehemaligen Patienten anruft, werde ich diesen höchst wahrscheinlich nicht annehmen bzw. nur im absoluten Ausnahmefall. Es darf nicht sein, dass z. B. direkt vor Ort wohnende, schlimmstenfalls sogar immobile Patient*innen keine Behandlung durch mich erhalten können, weil ich jemanden annehme, der weit weg wohnt.

Falls mich aber jemand anruft, der durch eine schwierige Trennung mit schlimmstenfalls traumatischem Erleben und überwunden geglaubten schmerzlichen Erfahrungen aus der Kindheit wie dem Auszug des Vaters nach Trennung der Eltern, konfrontiert wird, dann weiß ich, dass ich mit meinen Fähigkeiten und Fertigkeiten gefragt bin. Unter diesen Umständen werde ich mir große Mühe geben, denjenigen doch noch irgendwie einzuschieben.

Wie oben ausführlich beschrieben, ist aber am Ende die ›Chemie‹ zwischen Patient*in und Therapeut*in entscheidend dafür, ob die Therapie erfolgreich wird oder nicht. Selbst wenn Sie einen Therapieplatz bei jemandem erhalten, der einen sehr guten Ruf hat und der Ihnen herzlich empfohlen wurde, heißt das noch lange nicht, dass es für Sie auch der oder die richtige ist.

Wichtig finde ich zu betonen, dass Sympathie im herkömmlichen Sinne keine große Rolle spielt, zumindest nicht für mich. Natürlich ist es so, dass Patient*innen zu mir kommen, mit denen ich mich im ›richtigen Leben‹ nicht unbedingt näher befassen würde. Wenn aber jemand mir gegenübersitzt, sich mir öffnet und Einblicke in seine Seele gewährt, erkenne ich ihn und kann gar nicht anders, als ihn zu mögen.

Es ist zudem wichtig zu sehen, dass es für ›Therapieneulinge‹ immer eine ganz besondere spannungsgeladene und im Grunde auch Angst machende Situation ist, sich einem wildfremden Menschen anvertrauen zu müssen, zumal man ja in einer Situation zu dem Behandler kommt, in der man ohnehin geschwächt, verängstigt, verstört oder verunsichert ist. So neigen die meisten dazu, den Fehler bei sich zu suchen und gar nicht in Erwägung zu ziehen, dass die Behandlerin/der Behandler vielleicht einfach nicht ideal ist. Außerdem sagen die meisten sich, dass sie lieber einen Spatz in der Hand haben als eine Taube auf dem Dach. Die meisten haben so lange auf einen Therapieplatz gewartet, dass der Gedanke kaum erträglich ist, dass sie jetzt mit der Suche von vorne anfangen müssen.

Ich kann nur dazu raten, falls irgend möglich, das anzusprechen, was einen stört! Im Idealfall lässt es sich ja auflösen. Und falls dann doch klar wird, dass es einfach nicht passt, dann beißen Sie in den sauren Apfel und suchen sich jemand anderen. Es lohnt sich auf jeden Fall!

Nachwort

Dies sind meine wichtigsten Gedanken und Anregungen – ich hoffe, dass diese helfen können und Ihnen Inspiration sind.

Viele Menschen haben mich beeinflusst und daran mitgewirkt, dass ich heute so bin, wie ich heute bin und so denke, fühle und handle. Von meinen ›spirituellen Lehrern‹ haben viele eine große Rolle gespielt. Entscheidend in meinem Wirken als Psychotherapeutin bin ich beeinflusst von Melody Beattie, *1948, einer amerikanischen Autorin, die ich in einer Al-Anon-Gruppe (Selbsthilfegruppe für Angehörige von Suchtkranken) kennengelernt habe, die ich in einer schwierigen Zeit meines Lebens ein Jahr lang besuchte – übrigens auf Anraten meines Bruders Dirk, dem ich dafür und für vieles andere dankbar bin. M. Beattie wurde nach schwierigen Trennungs- und Missbrauchserfahrungen drogenabhängig und befreite sich daraus, indem sie ebendiese Erfahrungen verarbeitete und das sogenannte Co-Abhängigkeits-Modell entwickelte. Dessen Kernaussage ist, dass wir unser Handeln primär an den Bedürfnissen anderer wie suchtkranker Angehöriger ausrichten und uns darüber selbst aus den Augen verlieren. Die Befreiung daraus sieht vor, dass wir uns selbst ins Zentrum unserer Aufmerksamkeit stellen; nicht, weil wir zu Egoisten mutieren sollen, sondern weil wir auch uns selbst gegenüber eine Verpflichtung haben und nur gut für andere da sein können, wenn wir auch gut zu uns selbst sind. Dieses Muster kommt meiner Erfahrung nach sehr häufig zum Tragen, nicht nur bei Menschen, die direkt mit drogen- bzw. alkoholkranken Menschen zusammenleben.

Auch im Rahmen des sogenannten 12-Schritte-Programms (Geborgenheit durch Verbindung, Seite 30) kommt der bekannte Spruch (im Grunde ist es ein Gebet) der Gelassenheit (serenity prayer) zum Einsatz:

> Gott (oder wahlweise die Höheren Mächte) gebe mir die Gelassenheit, Dinge anzunehmen, die ich nicht ändern kann, den Mut, Dinge zu ändern, die ich ändern kann, und die Weisheit, das eine vom anderen zu unterscheiden.

Dieser Aphorismus findet sich im Zentrum meiner Einstellung nicht nur zur therapeutischen Arbeit, sondern auch zu meinem persönlichen Leben. Womit der Kreis geschlossen wäre.

Was auf keinen Fall fehlen darf: DANKE!

Ich bedanke mich bei allen, die mich auf meinem Weg begleitet und mich unterstützt haben, die mich zu dem Menschen gemacht haben, der ich bin. Allen voran bedanke ich mich bei meinen Vorfahren und meiner ganzen geliebten Familie, insbesondere meinen Eltern und Geschwistern sowie deren Familien. Ganz besonders bedanke ich mich bei meinen geliebten Töchtern und deren Familien. Ich bedanke mich bei meinem geliebten Partner und auch meinen Ex-Partnern sowie bei meinen vielen langjährigen Freundinnen und Freunden, meinen Lehrerinnen und Mentoren sowie meinen Lektorinnen.

Ein großer Dank geht an den TRIAS Verlag, namentlich Frau Filbrandt und Frau Klonk, ohne die das Buch nicht erschienen wäre, sowie Frau Weller und Frau Kleinod für die kompetente Vorarbeit.

Zum Schluss und vor allen Dingen danke ich meinen Patient*innen, die mir so viel Vertrauen geschenkt und solch tiefe Einblicke in ihre Seelen gewährt haben; ohne sie gäbe es dieses Buch nicht. Sie alle zeigen mit jeden Tag aufs Neue, was möglich ist. Ich habe sehr viel von ihnen gelernt und lerne immer weiter, jeden Tag.

Stichwortverzeichnis

T

U

V

W

Y

Z

INFORMATIONEN & EMPFEHLUNGEN

Weiterführende Informationen und Buchempfehlungen finden Sie online unter:

https://extras.thieme.de/trias.htm

Bibliografische Information der Deutschen Nationalbibliothek
Die Deutsche Nationalbibliothek verzeichnet diese Publikation in der Deutschen Nationalbibliografie; detaillierte bibliografische Daten sind im Internet über http://dnb.d-nb.de abrufbar.

Programmplanung: Celestina Filbrandt
Projektmanagement: Anja Bippus
Redaktion: Dr. Sabine Klonk
Bildredaktion: Christoph Frick, Marie Crämer

Covergestaltung: © Thieme
Layout: CYCLUS · Visuelle Kommunikation, Stuttgart

Bildnachweis:
Covermotiv: © beltsazar/stock.adobe.com
Autorinnenfoto: © Fotoatelier Balabasov

1. Auflage 2023

TRIAS Verlag in Georg Thieme Verlag KG
Rüdigerstraße 14, 70469 Stuttgart, Germany
www.trias-verlag.de

Printed in Germany

Satz und Repro: Fotosatz Buck, Kumhausen
Druck: AZ Druck und Datentechnik GmbH, Kempten

Gedruckt auf chlorfrei gebleichtem Papier

ISBN 978-3-432-11786-7 2 3 4 5 6

Auch erhältlich als E-Book:
eISBN (ePub) 978-3-432-11787-4